从无名灾童
到信息先锋

FROM A REFUGEE KID TO AN MIS PIONEER
A Tsinghua Alumnus Telling His Own Story

薛华成 ◎ 著

清华大学出版社
北 京

内容提要

本书是我国管理信息系统专业奠基人之一薛华成教授的自传性人生记录。作者兼具传奇性与现实性的成长历程，不仅反映了一个灾童如何在苦难的环境下奋发图强，乐观成长，取得一个又一个成功，从而成为著名的教授和信息管理先锋；而且反映了中国现代社会几十年的变迁和进步。本书读来既不乏趣味，又使人从中得到颇多感悟和激励。

本书封面贴有清华大学出版社防伪标签，无标签者不得销售。
版权所有，侵权必究。举报：010-62782989，beiqinquan@tup.tsinghua.edu.cn。

图书在版编目(CIP)数据

一路走来：从无名灾童到信息先锋/薛华成著. --北京：清华大学出版社，2014
(2025.1重印)
ISBN 978-7-302-37638-5

Ⅰ.①一… Ⅱ.①薛… Ⅲ.①薛华成—自传 Ⅳ.①K826.16

中国版本图书馆CIP数据核字(2014)第176295号

责任编辑：高晓蔚
封面设计：汉风唐韵
责任校对：王荣静
责任印制：沈　露

出版发行：	清华大学出版社
网　　址：	https://www.tup.com.cn，https://www.wqxuetang.com
地　　址：	北京清华大学学研大厦A座　邮　编：100084
社 总 机：	010-83470000　邮　购：010-62786544
投稿与读者服务：	010-62776969，c-service@tup.tsinghua.edu.cn
质量反馈：	010-62772015，zhiliang@tup.tsinghua.edu.cn
印 装 者：	涿州市般润文化传播有限公司
经　　销：	全国新华书店
开　　本：	165mm×230mm　印　张：9.75　字　数：113千字
版　　次：	2014年8月第1版　印　次：2025年1月第3次印刷
定　　价：	68.00元

产品编号：058720-02

序　言

　　人生是一条路。路,有高有低,有平有险。人生也一样,有顺有逆,有福有祸。幸运总不多见,坎坷总难避免,而坎坷未必是祸。是福是祸,全靠自己把握。塞翁失马,焉知非福。小时吃苦,多有后福。寒门出贵子,豪门走傻痴。世事总是辩证的。

　　我是一个坚定的共产主义信仰者,相信世界将不以人们意志为转移地走向共产主义。共产主义社会是一个幸福的、和谐的社会。在这个社会,生产力高度发达,物质极大丰富,它的高级阶段将达到"四全",即全信息、全自动、全智能和全地域。人们做任何事将能留下大量信息,社会将能更准确地确定每个人的功过是非。所有笨重的体力劳动和烦琐的脑力劳动将全部自动化。劳动将不再是人们谋生的手段。人们的需求由物质转向精神。计算机和智能设备除了可以做程序化的工作外,还可以帮助做些非结构化的事情和进行决策。人们不必纠缠于琐碎的手续性工作。工作和地点无关,人们已无必要赶公交车上班。每个人将根据自己的兴趣和特长,按自己的方式去做自己感兴趣的事情。这样,劳动变成了人们生活的第一需要。社会的工作和生活方式将与现在大不相同,人人都有较高的文化水平,人人都在从事信息工作,人人也都在信息的帮助下快乐、高效地工作。

　　面对未来的环境,人们都要养成进取和学习的精神和习惯。进取是对人生采取积极的态度、正能的态度，才能在坎坷的路上走出康庄大道。学习，只有学习，才能改变过去，拥有未来，只有学习才能丰富精神需求。

　　本书不仅告诉你，人人都要有梦想，而且让你相信，人人都能通过努力走向成功。只要你有梦想，就一定能够实现。本书的主人公，生在战乱的年代，没有任何权钱的背景，历经种种艰难困苦，没好好上过小学，只在偏远的四川小县城简短地上了中学，后来进了大学，又考上清华的研究生，依靠国家的政策和自身的辛勤努力，一路坚持不懈，一路乐观向上，从一名无名灾童成长为信息系统、信息管理的先锋。他绝不相信什么聪明、天资，绝不感到自己比任何常人有更高的智商，相反，经常在搞不懂问题时感到比许多同学更笨，但凭着坚定的信念、不懈的努力，他终于走通了成功之路，实现了自己的梦想。他虽然没走出一条光辉灿烂之路，但他探索出了一条稳健的路、现实的路，一条对自己无愧、对人民有利的路。

薛华成

2014 年 6 月

目 录

I 苦难的童年 / 1

　　第 I-1 回　难童小学筹开学　无名灾童来报名 / 3
　　第 I-2 回　不速男婴降人间　和谐家庭起波澜 / 7
　　第 I-3 回　民族灾难降华夏　小家难逃生死劫 / 11
　　第 I-4 回　为国修路葬他乡　妻儿老小陷困顿 / 16
　　第 I-5 回　灾童生活似地狱　九死一生听天命 / 20
　　第 I-6 回　孩儿错，妈妈泪　孩儿知过记一辈 / 25
　　第 I-7 回　穷苦孩子不怕险　艰难蜀道变乐途 / 29
　　第 I-8 回　暂读成绩惊全校　无力自立又得离 / 32
　　第 I-9 回　得了第二却流泪　难过究竟为哪般 / 36
　　第 I-10 回　黎明前有最黑时　挺过恐惧迎新生 / 41

II 闪光的青春 / 47

　　第 II-1 回　迎来解放脱苦难　一路高歌奔光明 / 49
　　第 II-2 回　浩荡大军入秦关　一路留恋中学情 / 53
　　第 II-3 回　撰稿赞师惹争议　稿差反得好声誉 / 58
　　第 II-4 回　腾飞路上有跌宕　峰登三好领头羊 / 63
　　第 II-5 回　自觉学习掌方向　入党确立终生愿 / 66
　　第 II-6 回　海外关系否留苏　发奋高跃毕业关 / 69

Ⅲ 迟到的成熟 / 73

第Ⅲ-1回　艰辛旅途奔职场　首发工资寄母亲 / 75
第Ⅲ-2回　兴奋走进清华园　清风扑面心生敬 / 81
第Ⅲ-3回　激浪汹涌顺水流　务本冲前把住舟 / 88
第Ⅲ-4回　听话出活入干列　初验厚德得业绩 / 93
第Ⅲ-5回　特殊年代得锻炼　务本进取历人生 / 98
第Ⅲ-6回　干校改造绩难言　务本锻炼总有益 / 102
第Ⅲ-7回　生产创新业绩高　受冤挨批心不解 / 108
第Ⅲ-8回　信息革命概念生　公开演讲惹担忧 / 112
第Ⅲ-9回　树挪死，人挪活　死活要靠自把握 / 117
第Ⅲ-10回　留学难成终成行　信守承诺按时归 / 122
第Ⅲ-11回　当退不退赛老骥　回首前瞻探规律 / 130

Ⅳ 未了的心愿 / 135

第Ⅳ-1回　一生历练告来者　但愿旅途少坎坷 / 137
第Ⅳ-2回　事业未成身欲退　未了心愿托后人 / 141

后记 / 145

I

苦难的童年

绝望的呼声

第Ⅰ-1回　难童小学筹开学
　　　　　无名灾童来报名

　　1942年的西安,处处都显露出苦难中国的面容。百分之八十的地方都成了难民区。难民区内的天气似乎从来没有晴朗过,总是那么阴霾密布,尘土飞扬,或者是阴雨连绵,道路泥泞。在这么恶劣的条件下,却拥挤着大量的居民,他们大多是来自东北、华北或者河南的逃避日本侵略的难民。

　　在城内东部崇忠路上有一座灾童教养院。它是佛教慈善团体捐资兴建的。去不了宋美龄先生兴办的保育院的难童就投奔到这里。这里力量也有限,最盛时期也只有二三百难童。在社会舆论的关注下,教养院要兴办小学了。

　　在一个初秋的早晨,灾童教养院小学准备开学了。一大堆灾童熙熙攘攘地挤在一个不大的小院中,准备报名。其中有一个瘦小的男孩子,留着个平头,平头的头顶并不平,像杂草丛生,有的地方冒出一束头发,有的地方啃出一个低槽。孩子身体很瘦小,相比起来,头就显得大了些。瘦而发黄的脸明显地打上了营养不良的印记。一对大眼睛倒也显得炯炯有神。他身穿一件蓝色的中式褂子,下穿农民式的大裆裤子,既没皮带也没腰带,就是裤边一叠一卷,就不会掉了,这就是当时的灾童服。孩子脚上穿了一双很旧的布鞋,虽然脚趾还没有露出,但表面多处已经磨起了毛。

鞋子要是脱下来,不仅臭气熏人,而且可以看见鞋内底糊上了一层黑泥。

孩子并未急着去报名,而是等呀等,直到大多数灾童已报名离去,他才走到老师面前,向老师鞠了一个躬。

"老师,我要报名。"

"你几岁了?"老师漫不经心地问着。

"七岁了。"

"你报几年级?"

"三年级。"

"三年级?"老师惊奇地问道。"一、二年级的课你都学过了吗?"老师认真地盯着他。

"跟着哥哥学过了。"

"谁知你怎么学的?那要考考。"老师带着怀疑说。

那时的小学没什么正规的考试,更不用说这个灾童教养院的小学了,老师能问问就很不错了。

"你学过加减法,会背九九表吗?"老师带着蔑视的眼光。

孩子流利地背诵了九九表。老师显得有点儿惊讶,就想进一步探探孩子的底线。她出了一道鸡兔同笼的题目。在当时的小学中,鸡兔同笼的题目被认为是神秘之题,广泛在孩子们中传播。

"鸡兔一共6只,在一个笼子中,共有16条腿,你说有几只鸡和几只兔子呀?"老师以为孩子会被吓住,或者至少也要他发愣一会儿。没想到孩子顺口就答出了。

"2只兔子,4只鸡。"

老师认真起来,感到这孩子有些特殊,也想搞个明白,便问道:"你是怎么算出来的呀?"

"6只鸡兔一共16只腿,如果全是鸡只有12条腿,多出4条腿。每多

2条腿就多一只兔子,所以兔子是2只,鸡就是4只了。"这种新奇的思维方式引起了老师的兴趣,老师也多少感到了这个孩子的可爱。

"你怎么学到这些知识的呢?"

原来孩子一直逃难,根本没上过什么学,只是跟着妈妈和哥哥学了一点东西。孩子特别崇拜哥哥,因为他有个好名字叫斌成,就是文武双全的意思,那是父亲精心为他起的。孩子很羡慕哥哥,也就想多向哥哥学习。有一段时间,哥哥在外面上五年级,每天晚上回家做作业。所谓的家就是灾童的大通铺房子前端隔出的一小间,母子三人住在这里。母亲帮教养院管理一下这个宿舍。一张破的没油漆的条桌和两只长凳就是她的办公设备,母亲白天在那里抄写一些灾童名单、分发物品的登记单。晚上它就成了哥哥的书桌。孩子的智力大多在这个桌旁萌发。

哥哥每晚做功课时,点亮一盏一根灯草的油灯。弟弟就坐在对面看,不时地向哥哥发问一些问题,为什么这个这样?为什么那个那样?哥哥心情好时就给他说说,心情不好时就轰他,"去,去,去,你不懂,别捣乱。"孩子为了能让哥哥同意他坐在对面,也向哥哥讨讨好。帮他研研墨啦,打打水呀。尤其在夏天,屋里的土地上有许多跳蚤,打上一盆水放在桌下让跳蚤跳到水里,就少咬人了,总之就想赖在哥哥的对面。慢慢地,孩子也能插对一两句。哥哥看到他的进步,有时也教他点儿东西。鸡兔同笼的问题就是在这里学到点儿皮毛后,就跑到外面向其他灾童显摆,引起许多讨论,自己也越来越懂得透了。有时哥哥也教他念些唐诗,认些字,写写大字。

老师再问了些识字和语文后,心里已经同意他上三年级了,因为她觉得现在三年级的许多孩子未必比他清楚。

"你叫什么名字呀?"老师准备登记。

"我没有名字,妈妈不给我起名字。"

"怎么会这样？那你家里人叫你什么呢？"老师奇怪地问道。

"小时候父亲讨厌我，不给我起名字，妈妈就叫我娃娃，在我来报名时，又问妈妈，妈妈一想往事，就很不耐烦，没好脸地说那你就叫娃成吧。老师，你说这是名字吗？"

原来在孩子生下来时，父亲没给起名字，父亲去世后，一提到孩子的名字，母亲就伤心。因为孩子的名字问题曾引起过母亲和父亲的争吵，母亲说这是她第一次和父亲红脸。这次又遇到名字问题，母亲又伤心了。

"那怎么办呀？"老师一边思索一边自言自语。

"老师你给我起个名字吧！反正我不想叫娃成。"孩子乞求着。

"那好吧，我来想想，你哥哥叫斌成，'成'字是你们这辈人共同的字，所以只要选一个字就成了，选个什么字呢？"老师在思索着。

突然孩子说："有了，我就叫'华成'好了，因为'华'字和'娃'字有点儿相近，而且'华'字表示我要像父亲一样有技术、有才华。"

就这样，孩子自己给自己起了个好名字——向华成，它伴随了他的一生。

老师紧紧地抱住了孩子，激动地流下了眼泪。

> 灾童苦难众人怜，
> 向上好学更得难。
> 从小恶遇焉非福，
> 长大回味尚知险。

第Ⅰ-2回　不速男婴降人间
　　　　　和谐家庭起波澜

20世纪30年代的石家庄,已由一个农村小镇发展成为不小的城市。平汉铁路和正太铁路在此交会,人流、物流急剧增加。虽然军阀混战影响了这里,但并没有挡住它发展的势头。

在石家庄火车站不远的地方,有一个铁路高层人员的公馆区,其中有一个有名的向公馆。公馆最早的主人是一位留法的学生,回来工作一段时间后,就担任了正太铁路局的中方局长,另一位是法方局长。当时的局长可说是官僚贵族。公馆的建筑有着中国传统的四合院风格,又有着西欧建筑的品质。红砖墙、机器瓦顶,里面的电灯、电话、自来水、抽水马桶、浴缸等已经达到当时现代化的水平。庭院分前后两院,还有一个西方式的后花园,至少也有20间房。在这个家庭的鼎盛时期,家庭成员就有老爷、大太、姨太、6个男孩、7个女孩,再加上管家、老妈、奶妈、厨子、司机,少说也有20来口,甚至30口。

1929年老爷离世,大儿子向长坤成了掌门人,撑起了这个家。相对于老爷的局长地位,儿子的工程师头衔和铁路段长职位就低了一大截,尽管每月也有200多大洋,但支撑起这个家就显得有点儿紧巴巴。未成年的弟妹已习惯了大手大脚地花钱,成年的弟妹高不成低不就,没有什么职业。家庭的积蓄耗尽,老爷的丧事又债台高筑。长坤每日心急如焚,愁容满面。老管家建议他以喜冲忧,尽早回福州老家完婚,将大少奶奶接来。

　　在福州的衣锦坊有一个50多岁的老秀才,自从他20多岁中秀才以后,功名就再无进展。他肩不能挑,手不能提,更不用说做生意,只能以教书谋生,过着清苦的日子。衣锦坊呀衣锦坊,其实大多为这种自命清高、日子清贫的读书人的安乐窝,多数不是衣锦还乡的达官贵人的豪宅。老秀才膝下无儿,只有一女,视为掌上明珠。从小娇惯,女扮男装,甚至没有裹足。女儿小时受到家庭的熏陶,也学到一些文化,甚至也出去上过职业学校。十几岁时,虽然个子矮小,但也如花似玉。经媒人介绍,许配给了长坤,从此就忠心不二。长坤多年在外不归,也有亲朋劝说另觅,女儿总以哭泣回答。父母无奈,只好等待。等呀等,盼呀盼,女儿已经29岁,眼看就要跨过30,父母心急如焚。那时的旧社会,不像现在的自由婚姻,女过30就很难找婆家了。听说准女婿要回来完婚,父母喜出望外。无论是为了冲丧,无论婚后就要带到北方,也无论婚事简办,一概统统答应。全家沉浸在欢乐的气氛中。婚礼操办得很简朴,婚后大约在老家待了一个月,小夫妻就搭乘海轮,到上海,再乘火车抵达石家庄。

　　一个小知识分子家庭出身的女孩,进入一个没落官僚的大家庭,面对的困境可想而知。好在现在仍处在治丧期,全家老少都还戴着孝,人们都处在悲痛之中,相互之间也较少说话,风言风语也没有掀起。过了丧期,大嫂就开始掌管全家的财务大权。大嫂和全家一起讨论了预算,每个月长坤的薪水,扣除水电、伙食以及工人的工资以后,再计划出每月还债的数目,剩余的钱也以发工资的形式发给弟妹做零花钱,以后不再允许弟妹随时要钱。即使是零花钱,也比工人每月6块大洋要高,面对着家庭的巨大困难,弟妹们也无话可说。经过了几年治理,这个家已还清了欠债,并稍有结余和积蓄。长坤也很满意,全家和睦。更使长坤高兴的还有,大嫂真的争气，第一个孩子就是个男孩，向家有后了。他早早地就为孩子起了个好名字——斌成，就是文武双全的意思。孩子给家庭带来的欢乐一直持续了一年多。

当大嫂生下第二个男孩时，欢乐的气氛已是今不如昔。第三个、第四个男孩给家里带来的欢乐已经降低到零点。长坤多么希望有个女孩呀。由于想要女孩的激励，使他没有放弃再生的愿望。有空的时候，就想许多女孩的名字，还兴致勃勃地和他的好友讨论。加之当时家业已有些殷实，这种愿望更得到了加强。"大嫂又怀上孩子了。"小叔小姑们竞相传告。

"这回可一定该是个女孩了。"

"再是个男孩一定会把大哥气坏的。"

1935年一个初秋的夜晚，在向公馆宽大的客厅里，一个中年男子在屋中踱来踱去。看不出他是喜悦还是忧愁，但是掩饰不住他的焦虑。今天，他在等候着妻子的临产。妻子和白衣护士在里屋做好了一切准备，只等喜悦时刻的来临。他多么期待着这个时刻，但又在担心着。

里屋突然传出了小孩的"哇"声，他被这一声惊醒了，停止了踱步，心里"嘣嘣"地跳着。这个孩子的哭声很弱，所以没有使他放弃这久久的期望。

妹妹从里屋走出：

"恭喜你，大哥，你又得到了一位白白胖胖的公子。"

一句话好似晴天霹雳，他多少年的愿望，就在这一瞬间破灭了。他已经控制不住自己，也顾不得对妹妹说一句礼貌的话，呆呆地站在那里一言不发。大屋中的人们纷纷离去，他甚至没有听到他们告别的话音，随后他没进屋看一眼就匆匆地离去。

这第五个男孩真是个不速之客，你怎么就来的那么不是时候。

三天以后，当大嫂问他应给孩子起个什么名字时。长坤来了个没好气:"真没出息,又生个讨厌的傻小子。"

"这是天意,再说这也不是我一个人的责任。"妻子怯怯地回答着。

"你还敢顶嘴,不好好看看自己。"

大嫂不再说话了,眼泪从她的眼眶里慢慢地流出。尽管医生事先早已警告过她。月子里不能哭,否则眼睛一辈子就会老流眼泪,但她怎么能控制得住呢?

这是丈夫对她第一次红脸。

此后这个孩子就一直没名字。不得不叫的时候,大家就叫他"娃娃"。

生活总是"福兮祸所伏,祸兮福所倚"。好一阵,坏一阵。长坤不开心的时间也并不长,第二年、第三年大嫂就接连生了两个女孩。真为这个家争气。每一个孩子,长坤都给她们早早地起了名字。大妹叫媚成,小妹叫美成。长坤真是将女儿视为掌上明珠,娇生惯养。全家人也都爱和她们逗着玩,大嫂也整天眉开眼笑。家庭再一次呈现出和谐共处、欣欣向荣的气氛。

在这和谐大家庭的角落里,也有一颗幼小孤独的心,那个没有名字的孩子,整天瞪着大眼睛,在观察着这个世界。

生男万家皆喜欢,
过多也会惹讨厌。
性别本来由天定,
何冤母子受欺凌。

第Ⅰ-3回　民族灾难降华夏
　　　　　　小家难逃生死劫

　　一列火车急速地飞驰在华北大平原上,直奔山西高原,把初秋的玉米庄稼地快速地抛向后面。它咆哮着,好像被群狼追赶的野猪,没什么威风,倒露出了几分凄惨和无奈。车上挤满了逃难的人群,车顶上、车厢连接处,甚至窗外都挂满了人,人们也不顾自己的行李衣物,只要自己能挂上列车,走一站,算一站。在列车的后上方,远远地看去有几架日本飞机,盯着列车的尾巴紧紧地追赶着。

　　车上一个旧式的列车包厢里,挤了9口人,包括爸妈,三个男孩,两个女孩,以及孩子的三叔和四叔,还挤了六七个大箱子。因为是铁路职工关系才拿到了这一家的车票。一家人一清早就进入了车厢。因为局里还有点儿公务交代,爸爸长坤来晚了点儿。不想车门口已挤得无法上车,只好由窗户爬进,千幸万幸,好在全家在一起了。稍微定神以后,长坤发现,所带的箱子不对了。问道:

　　"我准备的书箱怎么没带来?"

　　"东西实在太多,我们又抬不动,就拿了一箱您常用的工具书。"大嫂带着怯懦和抱歉的眼光解释着。

　　"完了,完了,你们这些没用的东西,你们把什么东西都不要,也应当把我的书拿上呀!否则我怎么工作?没工作你们吃什么呀?家产是死宝,知识是活宝,你们懂吗?"长坤气急败坏地叫嚷着,坐在椅子上,拼命地抽烟,眼睛望着窗外,理也不理大伙儿。所有人都愣愣地屏住呼吸,一声不响地望着他,连两岁的他最喜欢的小妹妹都不敢哭,只是哭丧着脸,瞪着怀疑的大眼睛。大嫂没弄明白似的眼睛含着泪水,强咽着怨情,她多么的伤心,这是长坤对她的第二次红脸。她万万没有想到这也是最后一次红脸,以后想要看到他的红脸也不可能了,剩下的只有自己的泪水。

其实这也难怪家人,准备逃难时,大伙都是想着出去避一避。说不定出去十天个把月,日本人闹闹退了,就可以回来了,许多值钱的东西也没很好地收拾,仓仓促促地拿了点儿急用的东西就走了,把家交给了老管家让他注意锁好门就行了。谁知就此踏上了不归路,已经走上了不归路的第一步——"家破"。实际上"人亡"也早已开始。自从1937年日本人闹了卢沟桥事变以后,这一带已经人心惶惶,百业凋零。一般人都不敢踏上从石家庄通往北平的路。长坤的二子、三子生病没能很好地就医,就过早地离开了人世。在整个民族的危难中,这点儿家事只掀起了小小的波澜就过去了。整个民族有多少个家庭都在唱着"家破人亡"的悲歌。

"于无声处听惊雷",一声巨大的爆炸声把大家由睡梦中惊醒。接着的是机枪的扫射声,人们的哭喊声、救命声。走廊中有人嚷着,有人在车顶上被机枪射中,掉下去摔死了,有的车厢被子弹射穿了……明显地感到火车比以前跑得更快了。长坤也忘记了刚才的事情,急促地命令大家坐到地下,让孩子们睡到椅子底下。突然一颗子弹射进了车厢,射进了放在架子上的书箱,划破了一本书。大家惊恐不已。接着是短暂的宁静,然后车厢一片漆黑,车慢慢地停下来了。原来是火车开进了山洞。敌人的飞机看见前面快要到山洞了就赶紧拉高,从山顶上掠过,它们在山顶上面盘旋了几圈,也俯冲下来,投了几枚炸弹,又掉头回航了。列车在山洞中等了半个多小时,看见外面已无太大动静,就试探着开出了山洞。

此时天色已晚,西下的太阳已无力照亮大地,但在远方的山顶上还发出亮光,朦胧的天色实际上没什么美景,但对于刚从又黑、又闷、又热的隧道中出来的人们,简直就像进入了春光明媚的花园,人们大大地松了一口气,好像在享受着"大难不死,必有后福"的欢乐心情。人们都好像感觉到已经逃出了虎口,回到自己的家了。经过这场劫难,人们对日寇彻底丢掉了幻想,而对同胞更加亲切了,相互争抢少了,相互帮助多了。

正如大家想象的那样,以后再没有日寇的干扰了,经过三四个小时的旅程,列车到达了太原车站。由于父亲同事的关系,全家很快在第二天就转上了同蒲铁路,开往山西和河南交界点的风陵渡。当时风陵渡的黄河还没有大桥,只能靠渡船过河,好在此时的黄河水还算平静,30多个人乘坐一条船,再加上他们的行李,船已经够吃重了,就起航了。这条船也是通过铁路关系预约的,船上坐的大多数也是铁路职工。他们都付了比平时多一倍的船费。船慢慢地划行着。由于离敌人已经很远,似乎已到了大后方,到达了太平世界,船上的人心情也不急,就等它慢慢地划吧。

船划到河中间,越来越慢,正在众人费解之时,船突然停止了,随着慢流的河水,慢慢地向下游漂着。突然船老大向大家喊道:

"所有人注意了,把你们的所有金银首饰和钱财都给俺留下!"

大家被这突如其来的事件惊呆了。沉默了一阵以后,大家嚷嚷起来。

"刚躲过日本人的烧杀,又遇到中国人的抢劫。"

"这让我们可怎么活呀!"

有人也跟船老大讨价还价,说给他们一部分,也给自己留一部分,就是不动手拿东西。船老大说不行。众人看他们船工只有4个人,难民中年轻的男人也有10个左右。看来他们也没有什么像样的武器,所以也不怎么怕他们。船老大生气了,3个在船中间的船工拔出了杀猪刀,向身边的难民挥舞着:

"看来不给你们点儿厉害,你们不老实,你们是不是不见棺材不落泪?"说着向一个难民走去。突然,"啪""啪"两声枪响,船工和难民都惊呆了。也有人以为日本人又来了。

其实这是一个逃难中的铁路警察林强朝天开的两枪。这个警察,20多岁,单身,长坤和他认识,但不熟,他们在铁路巡逻时,看见难民潮,车站秩序大乱,又碰见华成一家老小,就跟着上车了。

"都给我站着不许动,谁动我让谁上西天。"林强一边举着枪,一边嚷着,朝船老大走去。当他走近三个年轻船工时,突然"嗵"的一声,三个船工同时跳入水中。船老大接着嚷道:

"你们不老实,他们就把船掀翻,咱们一起玩儿完。"

看来这是他们早有的训练,在他们寡不敌众的时候,他们会采取这最后一招,把船掀翻以后,然后再把船和一些东西慢慢推向岸边,能捡到什么算什么。

没等船老大说完,林强一个箭步,跳到船老大的身后。揪住船老大的后脖领儿,把枪口顶住船老大的后心。嚷道:

"你们谁敢乱来我就打死他。"

然后让船老大命令他的伙计们推船。把船向对岸推去。

也有两个年轻的难民上来帮忙,他们为了小心起见,怕船老大也跳水,就找了条绳子把船老大的脚捆到船上的柱子上。

船终于抵达了对岸,小伙计搭好了船板,难民们陆续下船。最后林强押着船老大下船。并命令小伙计把船划到河中间去。然后,押着船老大和难民一起走到一个小镇。林强给了船老大一元钱。船老大没想到会这样对他,还以为要把他送到政府法办,所以感激不尽,不停地鞠躬。林强告诉他国难当头,要好好照顾自己的同胞。船老大连连点头称是,一转眼就溜掉了。谁知他以后会怎样呢?逃难的人们,相互就好像是一家人,中国人之间都很同情怜悯,甚至对这种打劫的穷人。

几经辗转,长坤一家终于到达了西安。西安这个仅次于重庆的内地大城市,各路人马聚集,给它带来了表面的繁荣。真是霓虹灯闪烁,一片歌舞升平。但是你也能看到贫民窟里许多难民衣不蔽体,食不饱肚,满街的流浪汉。

长坤一家住到了一个朋友家,经受了这场民族灾难和饥民打劫,全家几天都惊魂难散。长坤忙着找工作,全家小心翼翼地观察这个陌生的城市。

> 国破家必亡,
> 全民尽遭殃。
> 国人需奋起,
> 共同把敌抗。
> 国恨家仇记心上,
> 永世不能忘!

第Ⅰ-4回　为国修路葬他乡
　　　　　妻儿老小陷困顿

　　一家在西安进行了休整，长坤在酝酿着找工作，养家糊口。这个家的理念"家产是死宝，知识是活宝"再次得到了验证。长坤，由于自己的一技之长，很快找到了工作。经他的老同学介绍，他将赴云南去建设叙昆铁路。这条铁路是准备由印度洋通过缅甸向中国的西南大后方运送抗战物资的。

　　他的老同学叫林则彬，他们在老家福州时，同为马尾海军学校的同班同学。当年的马尾海军学校，在海军界的声誉堪比黄埔军校，学员不少以后成为中国海军将领。他们俩学的都是"后学"，"前学"培养开船打仗，"后学"培养后勤基建。虽然他们只学了两年多，但在当时的中国，人们就把他们当成了大专家，认为他们修桥筑路得心应手。长坤不仅很容易地到铁路工作，还被聘到抗战的重点工程。林当时已是铁路局长，他深知长坤擅长技术，就聘他为工程师，负责设计技术。

　　在西安的同学、老乡、朋友都为长坤能找到这样高级的工作感到羡慕，一起为他饯行，全家在这苦难的时刻难得有这一段短暂的欢乐。昆明的工作待遇不菲，全家更加相信长坤的能力和理念，也忘记了家庭破产的悲痛。但在当前一家同行还是有困难的。只好长坤先乘飞机去昆明，尽快地投入工作，全家乘汽车慢慢地赶赴昆明，大伙儿心想反正家人也没有什么紧急任务,不用着急。没想到就此一别,永世再没有见面。

　　长坤一走,四叔找工作不顺,就参加了国军,做军需工作。据说以后也转到了缅甸,就此再无信息。三叔由于小时得了小儿麻痹症,腿手均有残疾,只好跟着大嫂。这样大嫂一人带着三男二女五个孩子和三叔一个残疾人,最大的孩子也只有九岁,慢慢地向着难于上青天的蜀道走去。汽车行走得很慢,每天只能走几十公里,走了将近一个星期,才走到了四川的北大门——广元县。全家人实在疲惫不堪,就决定在广元暂住。

　　广元是四川的北大门,嘉陵江和南河在此交汇,城东城西都是山丘。城市坐落在嘉陵江东岸的河滩上,东面是山,南面是南河,地势呈三角形,北面东山和嘉陵江夹着的地域越来越窄,最后的交界处,急流峭壁十分险峻,公路是从峭壁上挖出的半开式蜿蜒的山洞中通过,这就是蜀道难的第一课。这里气候宜人,冬天不很冷,夏天不很热,雨水丰足,宜于各种农作物生长。这里的土地大多是丘陵上的山坡梯田,整体面积不大,但人口不多,也显得农产品丰富,市场热闹。相比于西安,这里战争的气氛淡多了。为了进行休整,一家没有住进旅馆,而是租了间民房住,这是一个地主家的大院中的一间房,大院有一边靠着嘉陵江,临江有一片沙滩地,不涨水时,沙滩地很大,涨水时,水面就接近房子的地板,倒也显得风景这边独好。

　　孩子到一个新的地方总是觉得什么都新鲜,华成到河边沙滩捡石头、捡贝壳,还在地板和地基处的缝隙中找到了一个放玩具的洞穴,藏了他的这些宝贝,他玩得真是开心,真想长期住下不走了,一家带着美好的梦想,欢度着美好的休闲时光,根本没想到更大的灾难正在前面等待着这一家。

　　一天,一封电报带来了天大的噩耗,父亲在云南暴毙。母亲得知,决不相信。经过多次电话电报核实,他们说,当天工程竣工,开庆功会,饮酒,庆祝后,父亲回屋休息。第二天未来上班,同事们说他累了,让他多休息会儿吧！谁知到中午仍不见人影,去看他时,嘴上已爬有苍蝇,没气了。母亲闻讯,马上瘫了,众人搀扶,她泣不成声,说:"就怪我,没跟他一起去云南,要是我在身边照顾,发现他不舒服,及时抢救,绝不致这样。都怪我呀都怪我。"华成此时才4岁,不懂事,不知什么是死,以为像童话那样,死了以后还能回来,他没像哥哥妹妹那样乖乖地待在母亲身旁流泪,而是跑到他的玩具洞里去折腾玩具了,众人找不到他,很着急,妈妈狠狠地打了他的屁股,他也大哭起来。

一家人在众人帮助下举行了父亲的葬礼,母亲领着孩子们,披麻戴孝,奔赴南河边,对着南方,母亲号哭。

"你这没良心的,你自己走了,撒下我们,你就不管了,我可怎么办呀?"

"我不如也跟你去吧！"

"你没有死,你别吓我呀,你回来吧,你再对我多红脸几次吧,我不生气。"

母亲几次想寻短,均被众人劝阻说,你要有个三长两短,你这么多孩子怎么办呀? 母亲强忍着悲痛,联系着出路。她给许多亲友打电话发电报,回音寥寥,真是像鲁迅先生所说,当一个家庭由小康堕入困顿,才知道世事的冷落和人情的淡薄。有权有势者本可帮个小忙,例如,找个劳工,但他们又怕丢了面子,说怕让大嫂屈就了,每人捐了点钱,以后就不理了,母亲真是感到"叫天天不应,入地地无门",每天泪流满面。最后还是一个穷朋友帮忙找到一个进教养院的机会。在抗日战争时期,各地都办有救济难民的机构,最有名的是宋美龄先生倡议办的保育院,那里条件较好,但它主要招收国民党军队的子女,那也已人满为患,不堪重负。像现在"国企"员工的孩子根本别想。华成一家所要进的单位,名为"陕西灾童教养院",据说是和佛教有关的慈善组织办的,人也不多,条件很差。但母亲现在连个落脚地都没有,差点儿都要流落街头讨饭了,还有什么可挑剔的,就答应前往。

　　灾童教养院位于西安,华成一家又要按原路返回。和上次一样,他们找了辆回程的货车,不过这次可是个空车,上面只载了华成一家七口,走得也很快,一两天就到了灾童教养院。一看,都是土坯房,里面就是裸露的土地,房顶还是瓦的,屋里是土炕,厕所就是院里挖的土坑。妈妈一看,不觉辛酸,这是不是已经到了生活最困苦的点?她强忍着眼泪,装笑着对孩子们说:"到家了!"

　　　　　　　　　祸不单行噩耗连,
　　　　　　　　　到底有完还没完。
　　　　　　　　　孤儿寡母何所去,
　　　　　　　　　活人真比死人难。

第Ⅰ-5回　灾童生活似地狱
　　　　　　九死一生听天命

　　灾童，社会生活的最底层，再低，孩子就无法生存下去了，稍高，当局就想方设法"抠门"。为了省粮食，每天只吃两顿饭，早九点、晚四点，起得晚，睡得早，凑合着养着。早饭前，孩子的肚子已经饿得咕咕叫，一开饭，就像饿狼抢食。省粮食之招儿真是无所不用其极，早上稀，晚上干。稀的就是玉米糊，干的就是玉米窝窝头，总之就是和玉米打交道。菜，就是一盆青菜汤，本来说一个星期打一次牙祭，可是只见一点点肉星，连一点儿油星也不见漂。为了抢食，有的灾童学会了一些窍门，先盛半碗粥，很快吃完，马上盛一大碗，这样就可以吃一碗半，否则吃完一碗，去盛第二碗时就已经没了。平时，孩子们饿了，到处找一切可以吃的东西吃，荠菜、柯达菜、猪毛菜、槐花、榆钱、椿树芽、榆树皮等，还有房顶上长的酸溜溜，甚至还有一种土，叫斑斑土。有些东西没一点儿营养，只是填充肠胃空间，去除饥饿感。在这种饮食条件下，孩子的身体都十分虚弱。孩子的体形都是头大、肚子大、个矮、胳膊细、腿细，三毛的形象就是从这些孩子的身上提炼的。

　　灾童们的衣着可说是褴褛至极。一年就发两款衣服，夏天是两套中式单衣，上着中式短褂，下穿中式大裆长裤，只要将裤裆一叠，再向下一卷，裤子就不会掉了，根本不用皮带。再热的天气也没有短装，只是把裤腿或袖子卷起来,更热了,干脆就脱去上衣,打赤膊。冬装就是一套空心棉袄。夏天太热,还可忍受,冬天挨冻,那才是凄惨难忍。只好两手互插进袖筒里,双臂捂着肚子,双脚不停地跺地。无奈肚子也饿,没有能量可以发出,只有全身打战,鼻涕滴流。有些孩子棉袄破了,自己不会补,棉花露出,甚至掉光,哪里挡得住寒冬凛冽的寒风。在这苦难中,只要有一点儿机会,孩子们都会及时地抓住,缓解一下痛苦。偶尔,冬日有一缕阳光,孩子们一排坐在墙根晒太阳,敞开胸怀,在抓虱子。路人怀着怜悯的眼光看着他们,其实那是他们感觉最幸福的时刻和最舒服的情景。

灾童们住的是一个大的长长的平房,两边有两排长长的木板大通铺。靠着大通铺的是两排窗户,木格子,糊上纸,根本挡不住冬天的风和夏天的阳光。在寒冷的冬夜,孩子们很会适应环境生存,学会了抱团取暖,他们懂得互相挤着睡。长长的大床,一头挤满了人,另一头却是空着。为了挤得更紧,两个孩子睡进一个被窝筒,一个孩子的脚捅到另一个的胸口,两床被子重复盖上,相当于盖了两床被子。被子很久没洗,本身气味就很重,因而脚的臭味已经不是问题,他们并不在乎脚伸到同伴的嘴边,只要现在能缓解主要矛盾——寒冷。孩子的生命力很强,他们很能适应环境,适应以后,他们会认为世界本来就是这样。

华成回想起自己小时受的苦,使他后来承受苦的能力超过了常人,他感激这段经历,有时坏事并非全坏,如果你能在坏的环境中吸收到好的东西,那么苦难会变成经验,华成甚至希望后人如有这种境遇,不要把它当成纯粹的坏事。

穷人的难关总是一个接着一个。教养院里闹起了传染病,麻疹流行。华成和四哥、两个妹妹均感染了麻疹。只有大哥和妈妈没感染。四个孩子都发烧昏迷,不吃饭。妈妈坐在身旁看着他们,一脸的无奈。当时灾童生病基本上都不看医生,因为没钱,只能让他们休养,自己慢慢地好起来。

有时也请些小破中医，抓点儿中药喝喝，难怪死亡率很高，过不了两三个月就有孩子被抬走，处理也很简单，用张草席卷着，抬到郊区，找个空地埋了就是。在抗日战争时期，由于苦难太多，穷人区，尤其是教养院中，自适应地形成一种潜规则，饭菜中发现了蛆，扔掉就是，不要嚷嚷，免得影响别人吃饭。有人死了不要大张旗鼓地吊唁，以免让大家陷入沉痛。这些孩子走了，就让他们悄悄地走吧，只愿他们在对岸能比此岸更好。

只过了一两个月，华成的四哥和两个妹妹相继离世。妈妈再次陷入沉痛的绝望中，五个孩子一下子少掉了三个，哪个妈妈也是受不了的，现在只剩下老大和老五了，老五还在重病昏迷中，看来十之八九也是要告别了。妈妈再次开始了对爸爸的埋怨，"你这个没良心的，这么早一走了之，留下我们经历这么多苦难"，"三个孩子又去了能怨我吗？我有什么办法呀？"，"娃娃（华成的小名）若再有什么不测，我活着还有什么意思？"妈妈只顾自己流泪，傻傻地坐在华成的病床边，呆呆地瞪着华成。几个穷大婶安慰她，陪着她，扯扯闲话，她们在剥着鸡蛋吃。突然华成抓住她们的鸡蛋，要吃。大家大为惊奇，妈妈不敢给他吃，大婶们说，反正也没办法了，要吃就给他吃吧，满足他临走的愿望吧。谁知道吃完了鸡蛋，华成说话了，说要喝粥。这下可惊喜了大家。赶紧给他熬粥，忙着给他擦手擦汗。哪知道华成就这样慢慢地好起来了。

长大以后华成说，也许是爸爸嫌他是多余的男孩，不给他起名，不愿带他到彼岸，也许阎王爷见到他后，查了半天生死簿，说没他名字，回去吧！反正他是奇迹般地再一次躲过了劫难。看来中国人的习俗，给男孩起个贱名，叫什么"屎蛋"啦，"狗娃"啦，也许有点儿道理。小时候还是"贱"点儿好。

好事不说多磨，至少也不会那么利落。大病好了以后，余震不断。陆续的疹毒发作纠缠了华成好几个月，浑身起包，尤其是前额起了个鸡蛋大小的包，里面似乎是充满了脓液。涂了好多土药一点儿用也没有。急得妈妈到处问人求医，也都无着。到了完全无助的时候，却来了个"柳暗花明又一村"。抗日战争中期，美国人来了。在抗日战争时期，美国人在中国总体上还是做了些好事的。他们在西安办了个医院，名叫广仁医院，它为穷人看病不要钱。妈妈抱着死马当做活马医的心态，想去试试。她抱着或背着华成走了约一小时，累得气喘吁吁，来到了医院。没什么挂号，也没什么诊断，也没征求家长意见，医生将华成抱进手术室就动手术了，妈妈在外面等得提心吊胆，约莫半个多小时，医生抱着华成出来了，华成头上严严实实地包着白绷带，奄奄一息地，鼻子忽闪忽闪地，苦着脸。妈妈刚接过华成，一句话没说，医生扭头就进去了，也不用交费，也没什么手续，甚至连名字也没问，妈妈就把华成抱回家了。

以后每过两三天就要去换一次药，开始总是妈妈抱着、背着，后来觉得好了些，抱一段就让华成走一段，走走，华成就缠着妈妈要抱，妈妈不抱，他就坐在地上耍赖。

近一个月后，拆下绷带一看，脑门的前方有个十字架形的大疤，妈妈和华成都觉得很煞风景。华成认为是一种耻辱，都不好意思见人。脑门上的十字架，让华成铭记一辈子，一方面，他感恩美国人救他于危难之中；另一方面，他深刻领会了美国人的傲慢、不尊重他人的风俗。他一生牢记，学习美国，要学习其长处，摈弃其恶习。

过了一段，华成仍然显得个子矮，头大，肚子大，胸前肋骨裸露。有些穷大婶，也有些穷经验，说他得了疳积病，要用土办法治才行，不然将来会引起身体畸形。她们就用修脚刀将华成无名指根和中指根间的手蹼划了一厘米长的口子，从里面挤出了鱼子般的小白泡，直到挤出血印时停止，然后用锅底上刮下的灰糊上，再将破布洗净，缠紧包上。六七岁的孩子就知道，穷人就要能忍受疼痛，要学古人刮骨疗伤。华成在割手的过程中一声也没哼过。孩子天真不知痛,妈妈泪水肚里流。过了两个星期,华成的伤口长好了,又过了一两个月,华成的身体看来是好了些,肚子小了,想吃饭了。

病好以后,过了一段儿时间,教养院的条件也似乎得到了一些改善,办起了小学,华成就准备上小学了。

灾童生活似地狱,
九死一生听天欲。
天不绝人命必大,
地狱已过何所惧!

第Ⅰ-6回　孩儿错,妈妈泪
　　　　　孩儿知过记一辈

华成稍长大些,身体也稍好些。教养院条件也有所改善,办起了小学。妈妈很想让华成上学,由于华成在家跟着哥哥和妈妈学了些功课,就直接考上了三年级。他很好学,很快就跟上了进度,逐渐地成绩达到班上的前茅。可是学了半年多,由于教养院经费困难,小学停办了,教养院办起了工厂,开始了纺纱织布,小学生均转为童工。华成也到工厂参加了纺纱的辅助工作。

教养院的纺织厂是个很小的作坊式的工厂。它把棉花纺成纱,然后还能织成布,也就是土棉布。整个工序大部分是手工,用手工操作一些简单的工具。第一种工具是纺车,右手摇纱轮,像自行车的花盘,左手抓住一团棉花,把它挨上中间的纺轴,像自行车的后轴,花盘转一圈,后轴就转几十圈。棉花碰上它,就会粘上,一拉就出线了。第一道工序纺成5~6毫米粗的纱,叫粗纱,把它缠在大桶上。第二道工序把粗纱抽出,纺细,再缠到筝子(一种像筝的缠纱的器具)上,然后就可将筝子插到布机上进行织布了。

小点儿的孩子和初来者均是放在第一道工序,纺粗纱,然后转到纺细纱,能上布机者很少。华成做事也还手巧,几天就承担纺细纱的工作。手抓住细纱,把它粘到纱轴上,纺细以后把它缠绕到筝子上,这时纱就要从两个捏着它的手指间滑过,和手指产生摩擦,发热,引起红肿,流血,直到磨出老茧,在这个过程中,许多孩子疼痛难忍,用布包手,受到工头斥骂,孩子们经常流着泪忍着痛工作。

孩子们做着艰苦的工作,比上学时累多了,看到一捆捆土棉布运出车间,孩子们并没有丰收的喜悦。教养院赚了钱,可是仍然不给灾童分文,像以前一样,只是管吃管穿。在几个大孩子的带领下,童工们掀起了要求发工钱的工潮,工作秩序有点儿乱了,怠工、发牢骚,还经常借口上厕所、外出。院方则是一根筋地压制,以惩罚威胁,声言"不愿干你们就走呗,没有人求着你待在这里","四条腿的狗难找,两条腿的小人到处都是"。孩子们气得没办法,有的孩子嚷着偷拿纱锭和布匹出去卖。院方也了解到这种情绪,加紧了管制。他们在厂门口设置了检查岗,对每个出厂的童工进行搜身,一点儿都不尊重人格,男搜男,女搜女,到处乱摸,这样,偷拿几无可能。那时的华成小而机灵,也不知天高地厚,爬墙、上房、钻洞、上树,几乎都会,他就想冒险拿些纱轴回家,让妈妈卖钱。华成想了办法,把纱轴夹在内裤里,跟着一批在厂里玩完后的野孩子,一起跑出去了。他的个子跟他们差不多,门卫也没发现他。

华成回家,很高兴地告诉妈妈,他拿了一个纱轴回家,显示他很能干,他说这可以卖几毛钱。谁知妈妈大为惊奇,大声地吼他:"你怎么不学好,干这偷鸡摸狗的事!"

"大家都说,这是我们自己的东西,谁让他不给我们发工钱?"华成抽泣地嘟囔着。

妈妈气得说不出话,倒抓起了鸡毛掸子,狠狠地打了华成屁股两下。嘴里还嚷着,"我让你不听话,我让你不听话!"

华成愣愣地望着妈妈,摸不着头脑地想,妈妈怎么会发这么大火?

突然妈妈哭了起来,抱怨起爸爸了,"你这个该死的,撒手就走了,丢了一大堆孩子给我,我哪有能力带,死的死,坏的坏,我活着还有什么希望,不如我早点儿跟你去了,一了百了。"

挨了打,华成并没有哭,他心里还有点儿不服气,心想男儿有泪不轻弹,忍痛也要装硬汉。妈妈一流泪,又扯起爸爸死的伤心事,他也哭了。妈妈又给他讲道理,说世上不平事很多,如果一遇不平,就报复,就堕落,就男盗女娼,就当坏人,那你很快就要完蛋的,自毁自己。

"我们人穷,志不穷,不能做下三烂的事情。"

"要像你爸爸那样,凭自己的本事立脚,养家糊口。"

妈妈的泪,孩儿的愧,华成知错了,他安慰妈妈,以后再不偷东西了。妈妈要求他把竿子还回车间去。华成就把它扔到那些废了的竿子筐中,车间的工头发现竿子丢了,找了一天后发现好坏竿子的总数没少,也就作罢,没有引起多大风波,就过去了。

妈妈这些天就在不停地思索着,她担心童工这样的环境并不是很好。的确,孩子们在念书时,好赖有老师管着,现在做工了,工头中有许多坏人,欺负童工,甚至欺辱女童。男孩子学如何打架,如何撬门、爬墙,甚至结伙都很盛行。她决心再给华成找上学的机会。她托人情,又去找哥哥上学的东大街小学的老师。哥哥在那个小学上学时,小学给了他一个优惠的打工机会,就是一边上课,一边兼任打课铃工作,时间到时,他就走出教室,拿着铃在院子里一边摇,一边走,转一圈。哥哥做得很认真,从未出过差错,老师也就相信他弟弟也会很好,她同意给华成免除学费,但还没马上把打铃任务交给他。这样,华成又开始上学了。即使不交学费,但不能在教养院吃饭了,吃饭还要花钱,为了省钱,华成中午就在小摊上买一碗素丸子,再买一个烧饼泡进去,午饭就打发了。妈妈为此就要出去打工,她整理过猪鬃,织过布,还在布机旁晕倒过。华成知道妈妈的苦,懂得妈妈的心,无奈人小,只有好好学习,取得好成绩,给妈妈点儿安慰。

东大街小学是在贫民区内的一个贫民小学,虽然条件十分简陋,学生也多为贫困子弟,知识水平不高,但大多愿意学习,学校学风还是可以的。老师很多是逃难来的青年学生,有点儿爱国心、正义感,也带来了东部地区的相对高的学识水平。华成算是得到了一个最好的学习机会。华成没上四年级,就由三年级跳至五年级,他刻苦努力,赶上进度,期中考试得了第 14 名,期末考试就爬到第 7 名。他在精神上也感到很自豪。

每天早上华成要走大约半小时才能到校,他从未迟到,也未感到枯燥。他的耳边老在响着校歌的曲调:

> 东小的同学
> 亲爱精诚
> 我们大家一条心
> ……
> 我们是三民主义的少年
> 我们是新中国的明天

孩子的纯洁稚嫩的心灵,总是怀着美好的憧憬,向往着未来,他哪知道等待他的却总是灾难!

> 教育孩儿要以理,
> 有情有理得牢记。
> 激励自信知努力,
> 长大就懂靠自立。

第Ⅰ-7回　穷苦孩子不怕险
　　　　　艰难蜀道变乐途

　　抗日战争胜利了,教养院解散了,华成一家又陷入了绝境。妈妈一方面打零工维持生活,一方面和亲友联络。幸好有一个在重庆的五姑伸出了援手。她愿意将华成一家接到重庆再想办法给母亲找工作。

　　1946年初夏,华成一家在西安破烂市场变卖了家里尚存的一些衣物,凑够了盘缠,经朋友介绍搭了一个便车,称作"搭黄鱼",开始了由西安前往重庆的投亲之旅。这些车一共有十辆左右,都是三吨左右的小卡车,是给重庆的纱厂运送棉花的,棉花包已经装到和车帮一般高,华成一家就坐在棉花包上,双手要时刻抓住棉花包的绳子,以免车摇晃时被甩下。司机们为了在途中拉些搭车的散客,挣些外快,就不慌不忙慢慢地走。为了避开检查站的查扣,每到检查站前,就要求"黄鱼"们下车走过检查站然后再上车。西安到重庆一共只有700多公里路,这个车队大约走了一个月。

　　这是华成懂事后的第一次长途旅行,一切都感到那么新鲜,他也学到了不少的东西。"蜀道难,难于上青天",这是他今生的第一次体验。蛇形的盘山公路,十几米一调头,一次调头爬高仅一两米,爬上一个二三十米的小坡要来回十几趟。有时慢起来比牛车还慢。在坡更陡的路段,往往需要助理司机下车在车后轱辘后加填三角木,以防止车子不加力失控后倒,车子"嘟嘟"爬上几步以后马上就把木塞垫上,让车子挡在垫木前不再下滑，休息一会儿，然后再"嘟嘟"向上冲两步。公路的质量也是最差的，最好的就是沙石路，根本没有柏油路和水泥路。路也很窄，大多数路只比单车道宽一点儿，对面来车时，为了错车，经常要倒倒车，一辆车在一个较宽的地方靠边，让对方通过，然后自己再前行。大多数路依山傍水，一边是峭壁，一边是悬崖下湍流的河水。

在那苦难的年代命是不珍贵的，这点儿风险也是毫不在乎的。山这边垂下的树枝往往要碰到头，坐在车上要随时保持高度的警觉，前顾后盼，左右观望。一天下来真是筋疲力尽。幸好它每天只走六七个小时。如果遇到下雨就用油布裹着身子，甚至有人还打着伞，因为大多数情况车都很慢。如果遇到了晴天，南方的阳光让乘客们实实在在地领教，车开起来时，有风，还好；车一爬坡，停下，马上就是一身汗。华成第一次知道，擦汗的毛巾还可以拧出水。没过两天，华成已被晒得像个黑孩子。

孩子的精力总是最旺盛的，即使在这艰苦的旅途中，华成也随时在寻找他感兴趣的事情。蜀道难，最难的地方在剑门关，据说张飞当年据守此关，敌人始终未能通过。他在那里种下了许多树，大多数是松柏，也有些核桃树，如今已有三千年，已长成参天大树。郁郁葱葱的参天松柏，配上南国湿润、温暖、清新的空气，险峻的山峦，形成了仙境般的风景和自然的大氧吧，就算心怀再多的人间苦难，心情在这里也能得到舒缓。少年时代的华成早已将所有烦恼抛至脑后，尽情地欣赏这大自然的风光了。路边核桃树上垂下的树枝，有的已结上了新鲜的核桃，华成第一次见到像小桃一样的新鲜核桃。只有扒掉外面厚厚的皮，才能得到里面的核儿，砸碎核壳才能吃到核桃肉。包着核肉的还有一层薄皮，新鲜核桃的薄皮很容易撕下。嫩的新核桃肉和干核桃完全不同，甜而不苦。一路上华成尽享核桃美食。

不仅如此，每天到站时，住在小镇的小旅店，品尝四川的小吃，也让华成异常地兴奋。担担面、徽子油茶、川北凉粉、抄手都让华成垂涎,想到那面上的一层红油,又馋、又怕、又想。在路上,车一旦停下,就有许多农民提着篮子来卖煮熟了的白鸡蛋。把蛋掰开,中间撒些盐,就这样夹着吃,也许是因为饿或没什么别的东西吃,那简直是世上最好的食品。

经过近一个月的跋涉,车终于要到重庆了,那天下午大家都瞪大了眼睛,聚精会神地看看这个大后方的第一大城市。房子越来越多,街道越来越热闹,卖吃的、穿的、用的,五花八门,比起北方的城市那可是繁华多了,大伙感叹重庆短短几年发展得真快。但在这表面繁荣的后面,也不时地露出虚浮的一面,街两旁的三层楼房很多都只有表面的一堵墙,实际上整个房子都是一层的,像孩子的积木一样。城市的中心区,灯红酒绿,歌舞升平,确有一片繁荣祥和的气氛。经过八年抗战,现在胜利了,人们有着太多的期望。

华成一家还不能马上到五姑家,因为他们住在大渡口,离市中心有三十里,还要坐船,只好先在一个朋友家暂住。这位朋友是位福建老乡,华成称他为伍伯伯,是个普通文员。夫人伍姆姆是个善良、贤淑、勤劳的传统中国妇女,对华成一家很好,住了很久她也毫无怨言。当时正处于抗战刚刚胜利之时,人们一方面怀着对未来幸福的期望;另一方面也难以消除对现实生活的迷茫。

人生蜀道多,是苦还是乐,
跨险得经验,躲过育懒惰。
体验很难得,早过胜晚过,
儿时不知苦,父母娇反错!

第Ⅰ-8回　暂读成绩惊全校
　　　　　无力自立又得离

　　到了五姑家以后,华成懵懵懂懂地感到很小时家的样子。五姑爹在大渡口钢厂当会计,属于职员阶层,比一般工人阶层薪水要高许多。他家住的房子像是一幢别墅,有一个大的客厅,有两间卧室,一大一小,前面有个小院,边上有厨房和保姆间,后面也有个小院,可以在院里洗澡。这是典型的南方的房子,不那么严实,框架全是木结构,房顶铺了瓦。墙很薄,厚度超不过10厘米,内层是用竹劈编的篱笆,外面糊上了石灰和泥土。下大雨的时候有可能把外面的泥都冲掉了,只剩裸露的篱笆。小院的围墙外还有大片的荒草地。房子本身映射出了大后方经济的面貌,快速的发展,表面的繁荣,里子的不殷实。在那抗战的艰苦年代,有这样的条件,足够大多数人羡慕的了。

　　五姑爹是个忠厚老实的人,热爱自己的职业,专注于目前的工作,从不议论张家长、李家短,家里人都对他很敬重。华成一家到他家,增加了他的负担,他没露出一点儿怨言。相反他却非常热心地教华成学珠算,让华成背珠算口诀,华成很快学会了一位和两位的乘除法。

　　五姑要把华成送到大渡口钢厂的子弟小学念书,华成自己做了个成绩单,妈妈签了名,就交给学校报名了。当时是抗战时期,兵荒马乱的,小学不怎么严格,自己说要上几年级,就让你上几年级,跟不上就让你留级,华成五年级没上完,这就上了六年级。这学校的学习风气并不很好,华成第一天到校就受到小伙伴的捉弄。他们起哄将他选为班长。他很积极地扫地,擦桌子,布置教室,最后一个离开学校。回家一看,自己的国文书被人换成了一本旧的,破的。华成被气得哭了起来,他一定要五姑陪他找老师,换书,不当班长。遇到班主任,班主任夸他聪明,有前途,让他不要怕受点儿小挫折,结果什么要求也没达到就回来了。还是五姑给他的书包了皮,把书包给他整理好。第二天,他不情愿地去上学了。哪知道正是因为这小小的吃亏,引起了老师们对这个外地生的特殊关注。

开学不久学校要组织演讲比赛,班上的国文老师王茹,就选他代表本班参赛,主要是因为华成国语说得比其他同学好。王老师选了一篇古文,让华成背,对他模拟演练足有七八次。但是由于选题和方式不好,听众反映淡淡,最后落选了,但这是华成第一次在全校那么多人面前演讲,他自己的确得到了不少锻炼。

期中考试到了,年轻漂亮的数学女老师彭荣钗,对同学跟不上她的思维很不满,总以大话激励学生,她说:"你们谁要第一个交卷,我就给加十分,做得全对,我就敢给他110分。"华成差不多比其他同学提前了一刻钟交卷。老师看了他的卷子后稍稍皱了皱眉头,但是什么话也没说。下次上课时,她一上来就向全班宣布,华成得了110分。这个消息不胫而走,很快传遍了全校。从此,这个外地来的个子矮矮的孩子再没受到其他孩子的欺负。

半年很快就过去了,期终考试就要来临。妈妈这段时间,无暇顾及华成的事情,整天奔波在大渡口和重庆市中心之间,忙着找工作,人生地不熟,语言不通,文化程度也不高,可想这有多难,最后工作还是没有找到。

幸好原先路经广元时的朋友给她介绍了一份当地纱厂的工作。她决定要去。

漂泊动荡的环境中，华成进行了期终考试，让他没想到的是，他的各科成绩总分差不多比第二名多了近20分。班主任高兴地说，我们学校终于有了一位算是好学生的学生了。可是，华成遗憾地告诉她："我要走了。"老师显得有点儿不高兴，说："你来时不是说要在我们学校上完小学吗？况且只剩一学期了。"老师哪里知道，华成其实很喜欢这个学校，也不想走，可是家庭困难，无奈。妈妈决定要远赴广元，亲戚们劝她不要走，说这么多亲戚和朋友在重庆，好过赖过也能过。妈妈好强，不愿靠别人过，宁愿闯荡，自己掌握自己的命运。五姑爹不愿华成走，因为他教他珠算很开心，还没教完。五姑也不愿华成走，她最喜欢邀一帮朋友在家打麻将，席间，夸夸她有个多聪明的和她同姓的侄子，并且抱着华成的头做出亲昵的样子。妈妈心里很明白，她无力供了大孩子在重庆念书，再供小孩子也在外念书，放在身边对付着过要容易得多。也有好心的亲戚说，一个人单独在外会很孤单的，有个孩子在身边会好许多。华成心里也有点儿明白，他舍不得离开妈妈，虽然他也舍不得离开他喜欢的学校。

重庆给华成留下了很多很好的印象。年轻漂亮的表姐给他洗澡；年轻的军官为追表姐，经常找理由来家，要求和华成下棋；逃难跟来的保姆陈妈，在屋后的荒地种丝瓜给华成吃；火炉重庆，酷热难熬，华成睡在光光的竹床上，醒来就有个人形的汗印；还有开始被捉弄当了班长，弄假成真，却锻炼了能力；他的学习成绩也第一次拿到第一，数学第一次得了110分，还第一次在全校会上演讲，多少个第一呀！这些都给华成的脑海里打上了深深的烙印。

晚年，华成想追思过去，曾旧地重游，可人去楼没，钢厂、小学、老师均已不知去向,那里成了建设大码头的工地,过去的景象只留存在脑海中。因此,不无遗憾地奉劝人们,利用当代技术,能留影时且留影,莫把遗憾留后世!

流离本身为不利,
不利也能变有利。
众人多愿助少小,
能否得助在自己。

第Ⅰ-9回　得了第二却流泪
　　　　　难过究竟为哪般

　　华成到达广元后,母亲在大华纺织厂做女工宿舍管理员,厂里把它定成"阶级工人",就是比勤杂工高点儿,相当于4～5级工的工资水平。职员和工人是有明显区别的,职员工资至少是工人的两倍以上。这对母亲来说,是她在父亲去世后最好的待遇了。挣得的工资勉强够给哥哥缴学费,真到缴时,往往还得先去借钱。华成免费进入了纱厂办的子弟小学——惠工小学,华成以第一名的成绩结束了小学学习,又只能求人免费进入广元城区唯一的私立中学——太华中学。

　　一年多以后,一个初夏,母亲带着华成到学校参加家长会,刚进校门,遇见了校长,校长很高兴地对母亲说:"你的孩子很不错呀,他得了班上第二名啦!"母亲也很高兴地说:"这是老师教得好,谢谢老师,谢谢校长。"可回过头一看,孩子怎么在掉眼泪?母亲和校长都很惊讶,这怎么啦?

　　原来,华成每学期都是得第一的,这学期他各门功课的平均分为83.8分,但因为生病请假扣了3分,就比第二名81.2分低了。大家真是感叹他冤得慌,也为他争强好胜的劲头感到可爱。

　　"我的孩子要有他一半的劲头,我就满意了。"有人感慨地说。

　　"不要恨别人抢了你的第一,你仍然是真实的第一嘛。"有人安慰地说。

"我不恨别人,只怪自己没有达到目标。"华成一边抽泣着一边说。

"未达目标勿怨人,战胜对手先胜己"这个良好的思维模式开始在华成身上萌生。

华成的目标到底是什么呢?说来话长。

母亲从小就不断地给他讲父亲的故事。讲父亲怎么在学校学习时,非常刻苦,学得一手好技术,在祖父去世后扛起了这么一个大家;讲父亲在抗日战争爆发后,很快地找到了工作,全家的生活又有了着落;讲家传的价值观"学好数理化,走遍天下都不怕";也讲古人头悬梁锥刺股的故事;讲孟母三迁和三娘教子的故事;也讲母亲自己年轻时刻苦背记外文药名,汗流浃背,在所不顾的情景。华成在这种家庭气氛的熏陶下,培养了争强好胜的秉性,思想上根植了很强的"吃得苦中苦,方为人上人"的想法。

华成强烈期望通过刻苦的学习将来出人头地,摆脱家庭的困境,孝顺母亲,继承书香人家的香火。他从小就盼望着能有好的学习机会,羡慕哥哥有父亲的爱,有好名字,有好的学习条件。但因为年龄小,不能独立,加之家庭的困难,他只能跟着母亲到处奔波流离,就近入读。在西安灾童教养院时,就在教养院小学就读;教养院解散后就在西安贫民窟附近的东大街小学就读;投奔重庆姑姑家时就在姑父的钢厂子弟小学就读;随母亲到广元县时就在纱厂的惠工小学就读。小学毕业后,没有选择地就只能进入这个太华中学。华成知道这些学校水平不高,但无奈,读总比不读强。

太华中学只有初中部,房子的总面积只有约600平方米,长条的院落,北面竖着一溜平瓦房,三分之二为教室,其余的是校长办公室、教务办公室、训育主任办公室等,南面中间一段是空地,竖立了一个旗杆,旗杆东面的房子是教师小食堂和厨房等,旗杆的西面有几间教师的单身宿舍,整个院落的西面有一个门楼,这就是校门。没有运动场,没有学生食堂,学生的早餐和午餐就在校门外的小摊上凑合，五分钱一碗的油茶就打发了。每间教室最多可容纳四五十人，初一、初二、初三各占一个教室，全校总共不超过150名学生。教师人数不到10个，水平就更差。尤其是那个训育主任——刘教官，他没念完高中就入了国民党军队，混了几年没混出什么名堂，就到学校来了。他就知道对学生体罚，每天早晨站在校门口，哪个学生迟到了，他就要学生伸出手，打手板子。

华成在进入该校时，立志做个好学生，学习好，不违反校规。他想创造个不迟到、不被打板的纪录。整个初中阶段，他从未迟到过。可没想到，一天课间休息时，在教室里，后排淘气的大男生在玩篮球，篮球突然飞到了他的头上，眼看就要砸到他，他一伸手，接住了。正好在此时，刘教官进了教室，看见华成拿着球，不容分说，就断言他违规在教室中玩球。华成给他说明理由，又要求他不要打板子，说明自己一贯遵守校规，从未被打过，而且很讨厌落后的体罚，宁愿被记大过或其他处罚。教官就是不听，打了他。他回家偷偷地哭了一天，最终还是没有告诉妈妈。从此华成恨透了这个教官，不顾自己好学生的名声，参与了"倒刘教官"的活动。例如，联名给校长写信，反映军训没意思，教得不好，要求不上军训课，改为体育课。

学校还有一个姓曾的女老师，是前校长的女儿，大大的眼睛，丰满的身材，也算得上是个美女，在这个小破学校里那可是个佼佼者了。她教英语，虽然水平并不高，但也有些洋味，惹得刘教官神魂颠倒。还有个教国文的男老师也在追她。可曾老师却看上了现任校长，他是本县财主的公子，靠家里的支持读完了上海交大的工商管理专业。虽然校长已有原配的包办的夫人，但曾老师并不在乎，甚至愿意做二房，因为她有信心，她将会是实际上的老大，甚至家里的一把手。可怜的刘教官在这场博弈中处于下风，加上学生的不满，不久他就被校长辞退了。

第Ⅰ-9回　得了第二却流泪　难过究竟为哪般

这么多差的老师中也有好的,如一个数学老师,他教的范氏大代数对学生所学的数学作了很好的总结和提升;教国文的唐老师,教给学生的唐诗,学生们都很喜欢。对华成而言,唐老师的一句话成了他一辈子铭记的名言,而且传承下去。唐老师说,再差的学校只要有几位好老师,学生也有机会能学好,不要"拉不出屎赖茅坑"。

华成从此想着如何"不赖茅坑","如何拉得更顺畅"。他自己得出个信念,要想顺畅,将来跟得上好学校的程度,必须在这个学校学得更好,要比最好还要好。他自己制订了一个衡量标准,这就是拉大第一名和第二名的差距,更具体点就是平均分要比第二名高3分,而且要成为班上公认的学习最好的人。这次,他没拿到第一,他难过,主要并不是被第二名比下去了,而更多的感到是没有达到自己的目标,将来的愿望会不会落空?一切会不会落空?

从大山里走出,继承家庭的光环,在这个年仅12岁孩子的心灵中,打下了深深的烙印。看着母亲一把鼻涕一把眼泪地艰难供哥哥上学,他不能像个不懂事的孩子再给母亲添麻烦,再给她提出无力达到的要求;等哥哥毕业以后再供自己上学,那也是远水不解近渴,唯一的出路只能是把驴当马骑,在差的学校中向好的老师学习。不怨天,不怨地,全靠自己更努力。

华成进入太华中学后,就刻苦努力地学习,不断地改进学习方法。中学学习,第一重要的就是"上课认真听讲"。由于个子矮,他总是坐在第一排。他很少开夜车,总是把上课的状态调整到最佳。他上课总是瞪着两个大眼睛,盯着老师。为了防止走神,从初中开始,他就逐渐养成记笔记的习惯,记笔记有利于束缚自己的思想,集中注意力。为了记得快和省力,他的字慢慢地变得像写英文一样有点斜。在课堂上没听懂的概念点,他总是抓住不放,自己思考,找同学讨论,找参考书寻求答案。一般来说,他很少问老师,是怕老师直接给了答案,使事情过于简单,还是想把时间让给别的同学,不愿和一些差的同学一起围着老师,连他自己也不是十分清楚。一个问题可能持续地咬住一天、两天,甚至一个星期、两个星期。持续的时间越长,解决了,他就越兴奋。一次一个低班的同学问他一个问题,他没答出,想了两天后,一个星期天,他解出了,十分高兴,连蹦带跳地走了半小时,到那位同学家里告诉了他。坚持独立思考锻炼了他的自学能力,在初中时,华成的身体不是很好,容易感冒,每学期至少有三四次,每次三四天。他每次病好后,就在家再多待一天,赶功课,把新教的概念学懂,把习题做完,清清爽爽地上学去。这又提高了他的自学能力,还使他积累了化逆境为顺境的经验。

自古英雄出少年,在少年时期有争强好胜的心态应当是个好事情,也有较好的客观环境,一般年长的人们对孩子的好强,总是爱护、欣赏,而很少嫉妒和厌恶,甚至打击。而到青年时,就应当开始注意培养谦虚的精神。华成争强好胜的心态使他不断地进取,"差学校也能出好学生"的信念,使他不弃不馁,坚持在正确的道路前进。他小学、中学都是上的县城的差学校,大学就上了中上层次的西北工学院,而大学毕业后,华成考上了我国的最高学府——清华大学,成为我国第一批自主招生的副博士研究生,实现了他的梦想。

> 寒门出贵子,
> 贵子源于勤。
> 少壮需努力,
> 老大无后悔。

第Ⅰ-10回　黎明前有最黑时
　　　　　挺过恐惧迎新生

1949年初冬,蒋介石败局已定,残留军队仍然占据着四川和西南一些地方,负隅顽抗。黎明前的天空更黑暗,天亮前的空气更污浊。这是自然规律,对于解放战争也不例外。地处国统区边缘的广元县,正处风口浪尖,遭受着黎明前的灾难。国民党的残败军队胡作非为,物价飞涨,民不聊生,城市居民整天处于惊恐之中。

法币换成金元券,金圆券又换成银圆券。原本,老百姓不相信金圆券,自己用起了以前的银元,政府就跟着印了银元纸币,要纸币一元顶一个真银银元,老百姓哪会认从,暗地里纸银两币天地差别,以致一大捆银元券买不到一小卷草纸,物价飞涨。母亲的工资已经不按钱论了,而是说每月8斗大米,稻米之乡的四川,糙米不值钱,8斗米只够一家勉强糊口,生活必须精打细算。月初发的8斗米工钱,到了月中也许就只能买4斗米了。所以拿到钱后,马上就得换成真银元,或者买一种中间物,如香烟,存上几条香烟,用钱时再把它卖掉。华成也帮助妈妈又是买又是卖,日子好不折腾,天天提心吊胆,真怕有一天断粮断炊,怎么办?

华成所在的学校被国民党强拉的壮丁拼凑的新杂牌军占据,部分停课了,有的教室已驻军,有的教室堆放了军火。操场被他们占用,作为集会和训话的场所。学生每天都能看到他们的残忍和腐败。一天早上,有几个逃兵,想逃,就藏进了厕所的大屎坑,全身都浸泡在屎平面以下,只留头在上面,在头上顶一块粪坑上的蹲坑木板遮挡,企图在部队开拔以后再出来,逃掉。不料他们被抓。长官就在大会上脱光他们的上衣,用一把点着的佛香烫他们的背,逃兵惨叫、讨饶,长官还不罢休。学生们都被这种酷刑吓坏了。个子高点的学生很怕被抓壮丁。县城里兴起了穿军服的"时尚",借以冒充军人甚至军官,避免被抓,几乎所有的年轻人都成了"军人",满街是军装晃动,乱七八糟,乌烟瘴气。

  到处传说着人心惶惶的吓人的故事:一个败兵,在饭馆里吃饭,拿不出钱,就把自己的手指砍了,吓得老板赶紧让他离开,有人说他想砍掉自己的食指,不能开枪,就不用上战场了。一个军官在商店买东西,店主问他要钱,他就把手榴弹放到柜台上,拉出火线,问店主要还是不要?店主赶紧说不要。街上有的是败下阵的残兵,有的是刚拼凑的新兵,有的是驻在当地的地方部队或宪兵,有的是假兵。新兵队伍往前线开拔,沿途见到年轻的农民或市民,就把他们拉进队伍,当成壮丁,先是帮着背行李、炊具,或者背弹箱等,到了战场,就用机枪压着他们,让他们冲锋。在冲锋的前一瞬间,才发枪发子弹,这时老兵和军官已架起机枪在后面监视,一旦后退,甚至扭头,就可能被射杀。军官不把士兵当成人,军队哪有什么战斗力,一旦炮响,就装死,或者投奔解放军。这些军人,溃逃到后方县城后,就持枪作乱,老百姓可是受了大苦。

  华成母亲所在的工厂知道这些情况,厂方和工人商量组成了工人护厂队,把过去练武的大刀长矛都收拾出来,也到驻军的地方买枪,或偷枪。人多势大,倒也有些威风,一般的残兵也就不敢惹工厂了。但新兵的大队伍,也总想由工厂讨些好处,要求让他们驻军,或用些工厂的水电,甚至炊具等,均被工厂拒绝。他们只好驻在附近的学校,就在华成所在工厂女工宿舍的隔壁,他们就从宿舍私接电线过去,偷工厂的电用。工厂不敢掐断它们,也无处投诉,就想尽办法给他们设障,让他们用得不舒服,也为工厂省点儿电。

工人们就在华成住处,也是他们偷电引线的前端,串上一个大电阻,让流向他们的电流大大减少,到达他们那里的电压大大减低,使得电灯昏暗,只见灯丝微红,不见亮光射出。华成已上初中,也有点电的知识,就高兴地帮他们做。到了晚上,驻军见电灯不亮,就登梯爬上学校和宿舍间的隔墙,朝这边喊话,母亲跟他们说这是因为他们用电过多,电压下降,让他们找厂方。估计他们想,找厂方也是没用,就给母亲施压,骂人,说要砸宿舍。母亲走了,再也不理他们了。他们骂累了,就捡起砖头开始砸宿舍的房顶,母亲就关掉灯,让所有人藏起来,不理会他们。砸到过了午夜,也许因为砸累了,也许他们怕自己过来捣乱会引起新兵逃跑,他们就停止了。第二天一早,母亲通过工厂找到驻扎在工厂子弟小学的一个营的宪兵出来管管,宪兵们来看了看,也不敢管这些杂牌新兵,搪塞了几下就走了。幸好下午驻军就开拔了。躲过了一劫,惊恐暂时放下。工厂的人来看了看残局,临近墙头的宿舍房顶的瓦大半都被砸碎了,时局紧,也没心思修它。过了一两天就听说解放军已经兵临城下,工厂的护厂队就要求所有职工一律进厂避避。

华成跟着母亲,和许多工人一起,躲进了纺纱和织布车间的大厂房里,在车间的地板上铺起了地铺,有的就在布机的架子下,这样房顶掉下时还可挡挡。白天没事,大家听着远处慢条斯理的沉闷的炮声,互相猜想着解放军到什么地方了,杂人杂语,各种话都有说。有人议论说,"刮民党"(这是老百姓对国民党的蔑称)要跑了还要把广元炸毁,让老百姓替他们送葬。听说他们已在纱厂周围埋了炸弹,还在河对岸架了大炮,对准了纱厂和电厂(这是广元仅有的两个较大的工厂),如果来不及炸毁,在逃到河对面后,用炮轰掉,真是处心积虑,险恶至极。还有的说,前两天,特务还在东山处决了两名共产党嫌犯,这些丧天良的,临死了,还要干透坏事。也有的工人现在敢滔滔不绝地说他的往事了,说他跟着红军从湖南到了四川,后来掉队了,就待在广元了,他说红军有什么三大纪律,不拿老百姓东西,不打群众。他的言论多少让大家放了点儿心,华成也在想着,解放军到底是什么样?

街上的行人越来越少了,没有了老百姓,连军人也很少见。往日的吵吵闹闹,变成了如今的寂静阴森,倒显得有点瘆人。炮声慢慢地密集了点儿,偶尔有短暂的机枪声和零星的步枪声,传说宪兵已经撤离了,很奇怪并未见到大量的败兵涌进县城。工厂里的人们盼望着解放军的入城,由于没人见过解放军,这又是一场经过战争的"改朝换代",是人一生难以遇到的变化,人们心情总有些激动和神秘。没有发生什么惊人的事情,夜,就过去了。一大清早,华成偷偷地跑到工厂大门外看看,街上人仍然很少,但看见一两个解放军了,这就表示广元已经解放了,只是听到了炮声,没见有一个房子或墙壁受到了战火的蹂躏,出现残垣断壁,人们感到无比的幸运。很久以后,大家才知道,当时退至广元的胡宗南部的裴昌会将军,很早就打算起义了,他要走到一个自己能控制好的地方起事,他经过广元,欲往南充撤退,他一定程度地保护了广元,让它少受些破坏。

华成很小心地走到街上看看,看见了解放军的一两个战士,在那里买烧饼。解放军身穿厚厚的黄军装,背着背包,挎着书包、水壶和枪支,最显眼的还是脖子上围着一条白毛巾。他的这些行头全是北方装束,在地处偏南方的广元,就显得两样,也显得很有精神,很强壮。众人都以好奇的眼光瞟着,小声地议论着。解放军买了一个烧饼后离开了,众人就围向烧饼哥,问他怎么卖的。烧饼哥说,"他要买烧饼,我说不知价,他就说按解放区的价是一毛钱一个,我就说那就行吧,就这样他就买走了。"

众人七言八语地说:"那你不怕亏了?"

"你怎么就敢收边币了？"

"总有人第一个做吧，第一个人做对了，就树立一个标准，大伙就跟着来了。"烧饼哥得意地说着，他还补充说："我曾经见过红军，知道红军的三大纪律八项注意，相信他们不骗人的。"

那是七八年前，红军曾经过广元，很快他们就走了。

烧饼歌的第一卖给其他人树立了个标准，其他的物品就参照着，陆续地就位了，市场慢慢活跃起来。货币的兑换也自发地开始了，主要是银元兑边币，但不兑换银元券。银元券就此烂在老百姓手里了，老百姓承受了"刮民党"最后的掠夺。解放军为了抗击土豪和奸商的囤积居奇、扰乱物价，很快开设了国营商店，调运来了盐、油、布等物品，甚至有苏联的花布，那时的男人也兴穿花衬衣了。生活秩序慢慢地走向正常。

生活秩序恢复以后，开始了一段欢庆解放的时期，到处欢歌笑语，到处都可以听到朗朗的歌声，"解放区的天是明朗的天，解放区的人民好喜欢，人民政府爱人民呀，共产党的恩情说不完……""你是灯塔，照耀着黎明前的海洋，你是舵手，掌握着航行的方向……""炮弹开了花，解放西南的胜利大，缴获了无数的枪炮子弹，消灭蒋匪人马60万，活捉匪首宋希濂，王灵基变成了单身汉，他把商人来装扮，哎嗨，走到了宜宾县，当了俘虏管。"腰鼓队、秧歌队活跃在大街小巷。华成十分惊奇，歌声怎么这么快地就描述了战场的现实，他很佩服解放军，就开始积极地向解放军同志学习。

在这欢乐的气氛中一股暗流也在涌现，反动势力在被解放大军的炮火打懵以后，经过喘息，缓过神以后，又要蠢蠢欲动，蒋管区也派遣了一些特务渗入，"牛鬼蛇神"纷纷登场，广元出现了一些捣乱破坏活动。特务散发反动传单；一贯道坛主借小孩之手写出了"大神显灵"、"世界末日"等恐慌反动的谎言；土豪奸商跳出来囤积居奇，抬高物价，扰乱市场……人民政府采取了坚决镇压的措施，公审枪毙了十几个极端反动、拒不认罪的死硬分子。华成第一次见到了死人，躺在河滩上的十几具尸体。清除了这些死硬分子，广元才真正达到了稳定。

随着稳定的到来，解放军的工作队陆续进入工厂和学校。华成学校进驻了一位姓高的男同志，母亲的宿舍进驻了一位姓何的女同志。高同志经常来找华成，何同志也总找母亲谈心。他们了解了华成一家的身世，相信这是一个诚实苦难的家庭，就慢慢地帮助华成提高觉悟，动员华成加入青年团，当时叫新民主主义青年团，后改名为共青团。母亲开始还坚持不参与政治，保持清高的家庭传统，后来也同意了。华成成为学校第一批加入青年团的学生，由于他年龄小，团组织就派他担任当时的少儿队大队长，少儿队后改为少先队。在他的履历中出现了一个怪现象，先入团，后入队。从此，华成好像获得了第二次生命，再也不用发愁怎么活下去，而是信心满满地奔向他的闪光的青春。

黎明之前有黑暗，
忍受阵痛得新生。
反动势力总想翻，
坚决镇压才能宁。

II

闪光的青春

第Ⅱ-1回　迎来解放脱苦难
　　　　　　一路高歌奔光明

　　1949年年末,人民解放军进驻了广元城。人们欢快地走出家门。城里大家小巷到处是欢歌笑语,腰鼓、秧歌、集体舞,"解放区的天是明朗的天","社会主义好"的歌声使这个城市一两个月都是处在节日气氛中。华成沐浴在这欢快的气氛中,过去担忧的问题一扫而空。

　　在华成的学校,进驻了一位解放军的工作队员,姓高,在母亲的女工宿舍,也进驻了一位女队员,姓何,他们彼此相识,走得很近。看到华成一家贫苦、正派、母亲工作负责、孩子学习优秀,就给予了更多的关注。他们帮助华成提高觉悟,帮助华成申请入团。经过了学校组织的学习班学习社会发展史,学习中国革命史,华成的觉悟有了很大的提高,不久便加入了青年团。当时华成刚刚14岁,个子也小,组织就派他去担任少儿队大队长,他戴上了红领巾,简直就是一个孩子,哪里像个青年团员。华成当时已读高中,高中就他一个人因工作需要,戴上了红领巾,还戴了三条杠的红袖章。他虽然有些不好意思,但还是美滋滋的。妈妈见到他的进步,流下了激动的眼泪,有时也自言自语地告诉父亲,解放了,她不担心无力养活孩子了,孩子懂事了,她放心了,要父亲在天之灵安息。

　　自从华成入了团,当了大队长,学习工作的劲头增加了百倍,不知道他哪来那么大的能量,做了那么多的事情。打腰鼓、扭秧歌、跳集体舞,学唱歌、拉胡琴、演街头戏，在闹市区的民宅楼上，拿着铁皮喇叭广播新闻、演讲，宣传减租减息、清匪反霸、抗美援朝。"王大妈要和平，要嘛呀要和平，她饿着肚子来宣传，受累也不怕，感动了闺女小媳妇，说服了太太李大妈，……"纯真优雅的歌声感动了多少老百姓，使他们投入解放初期如火如荼的政治运动中。

在参军参干的运动中，尽管华成觉得自己个矮，不够一米五五，不够条件，他还是积极地报了名。由于他的积极表现，在1951年年底，他被选为学生代表，前去参见川北区中学生并参加青年团代表大会，并参加会后的团训班。

川北区相当于省级单位，为了治理的方便，当时的四川分为4个区，即川东、川西、川南和川北。那时的广元，去往川北区的首府南充没有公路，没有铁路，只能坐船或走路，船都是小木船，危险，于是他们只好选择走路。一天早晨，一个老师带着四个学生出发了，孩子的父母送子到城边的南河边，真是

    子大要出游，
    高兴又担忧，
    慈母远远送，
    难控泪下流。

这是华成第一次离开母亲较长的一段时间，也是他第一次接受艰苦的考验。同学们都装着不怕苦的样子雄赳赳地踏上了征途。"蜀道难，难于上青天"，这条路曾是古时候的官道，是由石板铺在山坡的羊肠小道上形成的，石板的宽度不超过一米，大多数已破碎，有的甚至破成碎石堆，不小心踩上去就可能崴脚。不是官道的小道就是泥土小道了，一下雨简直就没法走。走到上坡的路，孩子们几十米就要休息一下，后来，一休息坐下，腿就僵硬，站不起来了，只好借助手的帮助，撑起来，然后慢慢地挪动，

十几米以后才活动开,不再疼痛了。第一天才走到中午,大多数人的脚趾就起泡了,他们学会的最简单的处理方法就是用针刺破水泡,贴上一条胶布,或者用一根头发穿在针孔中,再走就不疼了。

团代会的第一天,川北行署主任胡耀邦到会讲话,他邀请学生代表,上台围着他坐,华成就坐在离他最近的第一排。胡主任没有一点儿作大报告的架势,而是和大家拉家常讲故事。他给大家讲了他十六岁那年跟随毛主席长征做毛主席通讯员的故事。每到一地,他先帮毛主席扫房间,找门板,可到了夜晚,他先睡着了,毛主席还在看书写字,还把大衣给他盖上。革命的艰苦、革命家庭的温暖、革命首长的亲切给华成留下了深刻的影响。对这个幼小的从小家庭就支离破碎的孩子来说,似乎又看到了家庭的曙光。华成在培训班中认真学习,纯真地联系自己的实际思想,抓住重点,找到了自己的主要问题。由于态度端正,理解深刻,他被选为代表做大会发言交流。他在大会上检查了自己的主要问题:(1)亲美、崇美、恐美。美国人做善事给自己开刀治病;美国货好;美国有原子弹,各国都怕它。(2)单纯技术观点。想像父亲一样做个有技术的人,走到哪里都不怕,都有饭吃。(3)骄傲自满,瞧不起别人。别人问自己问题两三遍就不耐烦,说别人"你真笨"。自命清高,开始不愿报名参军、参干。这些问题的确是华成的主要问题,困扰着华成的整个青春期。但他从未放弃,不断地批评与自我批评,自我反思,犯了错误检查改正,再犯再改,慢慢地达到成熟。到了"知天命的时期"华成回想,如果没有那时的启蒙教育,没有那么早认识到问题,恐怕就没有后来哪怕是小小的成就。性格修养抓得越早越好。

回校以后,华成代表全体学生代表,向全校学生传达会议内容,后被选为校学生会学习部长。当天晚上,学校还举办了盛大的跳舞晚会,这实际上是团代会内容传达的继续。所有团代会的代表向全校同学教授交谊舞，在当时这是作为反封建的举措，整个舞会没有一点儿低俗的气氛，而是给年轻人注入积极进取、活泼向上的精神。在这个晚会上，华成第一次和女同学跳了交谊舞，这些女同学是那样地配合他，那样乐意地听他教授，使他感受到世界的美好，更激发了他上进的动力。

在炎热的夏天，就在本校，华成进行了高考。当得知被录取到西北工学院时，华成的心突然飞到了久别的西安。他马上写信告诉了妈妈，并且说今后她再也不用为他担心了，妈妈挑了十几年的家庭重担，这下就可以轻点儿了。共产党将给所有的大学生发放助学金，最低的助学金是免学费、免伙食费，再困难的学生还给书本费和生活零用钱。

美好的中学生活就这样结束了，它给华成留下了无限的回味和憧憬未来的美好愿望。

> 大地解放春灿烂，
> 家家户户笑开颜。
> 齐心合力把国建，
> 永世不忘把恩感。

第Ⅱ-2回　浩荡大军入秦关
　　　　 一路留恋中学情

新中国成立，虽然百废待兴，但发展规划已很长远。当时国家考虑到未来的建设需要大批的技术人才，就开始了大量招收和培养大学生的工作。华成就赶上了首次大规模招收大学生的机遇。由新解放区招收大批学生到老区上学就是计划的一部分。华成就是由四川招收赴西安上学的。

从被录取起，学生就进入了供给制式的全包模式，一切吃、住、行都由人民政府负责。政府把全部去西北的学生集中到成都，然后包了几十近百辆卡车，运送他们到西安，这些卡车比华成入川时搭的"黄鱼车"要好些，每个车都有一个帆布篷，这样下雨就不怕淋了。卡车一路上浩浩荡荡，形成了一道威武雄壮的风景线。学生们像解放军一样，每人背一个行李包，再挎一个书包，上了卡车就把背包放在地上，五个人一排坐在上面。比起其他同学，华成有过来四川时搭"黄鱼车"的经验，因而显得很老到。他把好的座位让给别人，自己坐在最后一排。开始时他还老老实实地坐在车厢底板，肩膀都低于车帮，后来他就踩在背包上，坐在后车帮上了。鉴于他的老到，领队和同学们都没干预他。其实坐在后车帮上是很危险的，手必须一刻不松地抓住车篷的钢管架，不然往后一仰就会摔下车去。华成当时正是金色年华，他精神抖擞，信心十足，不会有哪怕是一秒钟的走神。他坐得高,看得远,重温故途,兴致勃勃地欣赏着沿途的风景。

中学已经过去了,最后两年半的高中给了他多么好的回忆。昔日的往事不断地涌上了他的心头。同学是除了亲戚以外最亲的人了,有时甚至比亲戚还亲,因为同学可以把志同道合者自由地结合在一起。每一个年轻人都会在同学中有好朋友,有小圈子,也会有一个或几个对手或对头,就算华成和大多数同学相处得很好,但也同样有对手。

这个对手名叫力强,他从高中起就和华成同班。华成在班上总是做课代表啦,学习委员啦,最后做了全校的学生会学习部长,而他总是做生活委员或体育委员;华成是班上学习最好的,力强学习也是中上,但他的体育和社交能力似乎强些。他好像对华成学习好有点儿不服气,但有时也爱偷窥华成看什么书,做什么题,带着质疑的口气问华成问题。他不承认自己不懂,却又想掏出别人的内容。他父亲是个小生意人,曾有些违规,声誉不是很好,也很要面子。力强在学生面前好摆架子,爱使唤小同学,爱出风头,抢着当干部。当川北学代会开始选代表时他就很敏感,早早地积极活动,制造声势,所以首先当选的代表是他,而不是华成。选上不久,就因他欺辱低班同学引起公愤,被罢免了。再次集会补选时才选了华成。反对他做代表的不是华成,罢免他的也不是华成,他对华成也是没什么好说的。他比华成岁数大,个子高,像个大人样,在众人面前讲话,指挥别人的能力的确比华成强。虽然华成也并未想各方面都比他强,但他仍然对华成抱有嫉妒心态,总在背后议论华成的不是,在人前奚落华成,甚至在嬉戏中偷出狠手,让华成感觉受辱和疼痛。在十分过分的情况下,华成也学了些保护自己、以弱治强的"绝招儿",如抓住他的一个手指,使劲反握,使他疼痛得甚至跪下,或者反扭手臂,让他另一只手伸不过来,丧失反击的能力,直至他在众人面前保证不再挑衅为止。动手的挑衅大大减少以后,动嘴的挑衅仍有,嘴仗时有发生。后来有一天,华成突然看到一短文，《寒山问拾得》。文曰："昔日寒山问拾得曰：世间有人谤我、欺我、辱我、笑我、轻我、贱我、恶我、骗我，如何处治乎？拾得曰：只是忍他、让他、由他、避他、耐他、敬他、不要理他，再待几年你且看他。"华成陷入茫然，究竟是"人善被人欺，三忍必反击"，还是"忍、让、由、避、耐、敬"，我该如之何？

后来，一次课堂上，老师讲到直流电机的原理时，怎么讲大家也不明白，力强就老提问题为难老师，华成说："这个问题很好懂，不要再缠老师了。"没想到力强生气了。

"你懂了，你就当老师吧，你上去讲讲。"力强挑衅似地说道。

华成怕不尊重老师，正在犹豫。没想到老师说："你上来吧！"

华成本来就很佩服这位老师。他是山西一个兵工厂的工程师，技术精湛，他爱国，不愿留在山西为日本人工作，逃难到大后方，没找到对口的工作就当了老师。这是当时许多知识分子的一般模式。他虽技术很强，但口才有待锻炼，学习较差的同学就很难跟上他的思维了。

华成也怀着帮助老师解困的想法，就上了讲台，他用图解的方式讲了电机的转子线圈在定子内切割产生的交流电势。在里边感应的两个方向的电势，通过输出端的换向器切换，在外边就变成一个方向了，因而就变成了直流。图解使大多数同学豁然开朗，力强懂了，也相信华成懂得更透彻，不再说什么了。华成受到老师的褒奖，以后他甚至把华成当成助教了。华成也十分愿意当这种义务助教，他认为教别人使自己懂得更透彻，这不是自己的损失，相反是收益。从此这门课老师教得更有劲头，学生学得更有兴趣，整个班积极向上，团结进取的学风更高涨了。没想到的是，力强对华成的态度有了根本的转变，友好了，愿意成为共同前进的朋友了。在高考的复习中，他们相互帮助，后来华成考上了西北工学院，力强考上了兰州一个大学，临别时还有点依依不舍。华成在沉思着，再待几年又如何？

　　华成在和同学的交往中，慢慢地还悟出了一些道理。如果你和同学因为互不服气而有些别扭的话，最好的办法是"干好自己的事"，有本事要自己跑得快，不是给别人障碍。这也许是老夫子说的"以直报怨"吧。差距拉得越大，别扭会越快地解决。

　　车，一个急拐弯，晃动了一下，华成条件反射地抓紧了钢管，注意看外面的风景。呀！又到剑门关了，可是这次看剑门，为什么没以前那么险了，也许是心情不同了，考上大学的兴奋超过了风景的美好刺激。华成不由自主地又回到了过去的回忆。这次，说是美好的回忆，不如说是苦难的回忆。回想高中最后一学期，华成转到了阆中中学。才到学校时，走进宿舍，大约只有12平方米的长条屋，沿着一边架起了一排大通铺，上面并排睡上十个学生，一个挤着一个。床头上放个衣服包，就把它当枕头，床底下有个放盆、放鞋的地方，如果再有些东西就没处放了。这时已是初春时节，大家已经脱去了棉衣，但每个学生却都挂着帐子，那不是为了防蚊子，而是为了防臭虫。帐子的布很密实，四周压在褥子底下，外面的臭虫就爬不进来了。偶然也有个别的爬进来，甚至爬到帐顶，学生们抓住就把它摁死在帐子上，所以帐子上都有很多臭虫的血迹。床板经过多次灭虫也灭不干净，有人说臭虫也很聪明，它们会由房顶上空降而来，房上都是木头的梁，看来是无法轻松消灭它们了。

　　晚上自习时，一个教室只有一盏灯，学生们要把白天上课时的课桌重新布置成以灯为中心的圆形，围成三个圈，内层、中层和外层。这盏灯只有60瓦，加之电压不足，外圈的同学所享受的灯光比灯草的油灯强不了多少。华成总是选在外圈，说也奇怪，条件如此艰苦，华成却未造成近视，也许是看书的习惯更重要，如眼的距离、坐姿，也许看书时不要紧盯，只要瞄过认出即可，则可大大减轻眼的疲劳。

刚解放不久,中学的伙食也是很差的。天天吃米饭,中间摆上一小盆豆芽汤,比教养院的伙食好不了多少。好在解放了,妈妈工厂的最低工资提高了些,一个月有30块,学校的伙食费一个月才4块5。华成可以时不时地到校门口的摊子上买点儿东西吃,而能有这样条件的学生还是少数,华成也不时想着,这是不是不够艰苦?

第一天的傍晚车就到了广元,长长的车队就停在华成妈妈宿舍的对面。华成向领队请了假,回家看看妈妈,得到领队的许可。当华成敲门看见妈妈时,妈妈大为吃惊,因为当时通信并不发达,出门个把月杳无音信是常事,妈妈只知道华成被录取了,要到西安上大学,华成自己也不知道会经过广元,并且正好停在家门口。妈妈高兴地乱了手脚,又是给华成煮面,又是给他打水洗脸,又是问这问那。妈妈看到华成长大了,成熟了,老练了,能独立生活了,她激动地合不住嘴,说着说着又对爸爸说让他在天之灵放心吧,看来苦日子已经到头了,高兴激动却控制不住地流下了眼泪。华成又一次吃到了妈妈煮的酱油醋面,里面加了一个荷包蛋,这是他最喜欢吃的食物之一,他也回想起了那救命的鸡蛋。妈妈让华成早点儿睡,明早6点就要到车队报到。妈妈却在查看他的袜子、衣服,拿起针线给他补洞和加固。真是

> 慈母手中线,
> 游子身上衣。
> 临行密密缝,
> 意恐迟迟归。

谁也未料,华成此去就再也没有回过广元,四年的大学生活都是在学校度过的。

第Ⅱ-3回　撰稿赞师惹争议
　　　　　　稿差反得好声誉

　　地处陕西咸阳的西北工学院是在抗战时期由四个逃往内地的大学的老师联合倡议组建的,这四个学校包括:北平大学(现北京大学)工学院、北洋大学(现天津大学)工学院、东北工学院和焦作矿业学院。当时学校是在平地上白手起家,学校的条件不可能好,但比起西南联大好像还是强些。它只有平房,一排排,有的是教室,有的是学生宿舍,都是砖瓦房。由于它的教师都是正规学校过来的,保留了这些学校的校风,有些老师有着精湛的学术水平、丰富的教学经验,更可贵的是他们有着受人尊敬的爱国精神,宁愿逃难受苦,不愿为日服务。每一个老师教学都非常认真负责,他们有着和华成父亲相似的背景,华成将他们视为父兄,感觉非常亲切。在教华成班级的老师中就有个老教授,名为汤文及,教授物理学。工科大学最难的两门基础课,一门是微积分,一门就是物理,这两门学好了,以后就是一路绿灯了。

　　华成很喜欢这个学校,兴致勃勃地办了入学手续,住进了学生宿舍,一个宿舍住6个学生,每个学生的床是一张床板加两条凳子,好像校方还不知道双层床可以省地方似的。地面是用砖铺的,门口也用砖铺了大约一米宽的走道,比外边的土地高出半尺。台阶下的土地赤裸裸的,没有树,也没有草。同学们洗脸后的水直接就泼在这片地上,由于西北的干燥气候,立刻就干了,似乎也没有水沟的需要。华成的床位在一进门的边上,挨着床边的墙上还有个窝在墙里的书架。有时华成就坐在小凳子上,把床当桌子,面对书架,学习功课或写作业。对比起中学的条件,华成觉得相当满意了。华成在家其实做家务并不很勤快,但在学校,他总把做点儿生活琐事当成社会工作,尽管每天有排值日,但经常容易断粮。华成就经常为宿舍扫地和打开水。开水房和厕所离华成的宿舍大约七八十米。下大雪的晚上上厕所,去还是不去,经常要经过思想斗争。由于华成岁数小,个子矮,同学们称他为"小鬼",很照顾他。在安排班干部时没给他安排任何工作,他有点儿郁闷,中学一直为同学服务,大学就悄然被服务了吗?他说他也想做点儿社会工作为大家服务。当时的班干部研究后告诉他,让他做通讯员。这是个什么差事呢?就是给校广播台写稿,这是个可多可少、可有可无的工作。有积极性,全班均可成为通讯员,没积极性,某些班没人干也没人管。但华成把这个工作干得津津有味。有时傻孩子干些傻事,精明人看着没油水,却给傻子留了机会。

没过两三天,华成就写了一篇稿子,表扬汤老师。说汤老师教学负责,为人诚恳,学生不懂时,他经常课后来给同学答疑,甚至晚上也来。他还做很多演示、实验,帮助学生理解,等等。因为时间短暂,能力也有限,稿子水平不可能很高,但它诉出了年轻学生对老师的纯朴的爱,稚嫩的语句反倒比华丽的辞藻更感动人。文后落款为电一班通讯员向华成。稿子在学生们刚起床时播出,全校都传开了。这时开学不久,这好像是第一篇触及教学活动实际的文稿,因而十分引人注意,得到老师、学生,还有学生工作干部的好评。也有学生议论,怎么我们班没有通讯员,这通讯员是个什么干部?而汤老师的积极性更高了,来辅导的时间更多了,而且还邀请同学到他家去,叫他上中学的女儿向大哥哥们学习。华成一直把他当父辈对待,后来在清华工作后还到西安看他。

第一学期过去了,华成突破了学习上的两个屏障,极限的概念和牛顿定律,中学到大学学习的转换算是完成了。华成完成得不能算很好,但他已相当满意了,从一个小县的中学到一个正规中上水平的大学,已经跟上了,而且自觉摸到了规律,有信心进入班上的第一梯队了。以后较难的工程图的投影概念,对于华成来讲已没什么难度了,因为他中学的几何和解析几何都学得好,立体概念本来就很强。从第一学期的成绩来看,班上最好的是几个岁数大的,以前上过一次,因病留到本班的,还有上过技术学校有点儿实际经验者,再有是好学校来的,如西安、苏州的。从大一年级下学期开始,华成的学习就开始起飞了。

同时,华成的身体状况也有了很大的提高,这应当归功于学校实行的"三好"方针,即学习好、身体好、工作好。学校特别注意学生的身体,对青年学生来说搞好身体的三字经是"吃、动、睡"。首先,学校的伙食很好。当时国家对大学生实行全包的政策,最低的助学金是每月10元,即三等助学金,每个学生均发,全部用于伙食;二等助学金12元,除补助伙食外还补点日用品,如牙膏、毛巾等,给较困难者;一等助学金15元,还补助书籍,给更困难者。10元的伙食费是足够了,华成在四川上中学时的伙食费是4元5角,听说当时四川大学的伙食费是6元,经常有肉吃,很好。当然,陕西的物价要比四川高些。这么多的伙食费体现了国家对大学生的关怀和期望。加之学校实行的是包伙制,周末和假期有的学生回家了,伙食费不退,留给留校学生享用。当时的社会风气很好,很少有食堂的工作人员私自拿走饭菜的问题。伙食好主要是吃得饱,有时二两一个的菜肉包华成能吃三个,稠稠的肉汤面华成能吃两大碗。其次,学校非常重视体育锻炼,每天早上起床后,学校即播放广播体操的音乐,学生自由在院子的任何地方做操,之后,自愿结合的锻炼小组到运动场上晨练,大多数是跑1500米,然后才去吃饭上课。国家实行了劳卫制,即锻炼身体,劳动卫国,规定了各种体育项目应达到的指标,如百米跑 15 秒等。华成除了长跑项目外,其他均已达标,还被选入班篮球队,班上最高的和最矮的均是球员,高的打中锋和后卫,矮的打前锋,华成是很不错的前锋,和大个子配合得很默契。最后,在作息时间上,学校也非常重视,晚上 10 点熄灯,早上 6 点半起床,雷打不动。当时也有些学生因为学习或婚姻问题失眠,而华成思想单纯,没什么烦恼事,他总是睡得很好,一躺下两三分钟就入睡了,中午 20 分钟也能睡个短觉。吃、动、睡都好,一个学期就使华成的身体有了明显的变化,耐力大大增强了,实际上这时才是他由童年到成年的转变。

大学的第一学期,华成在学习上突破了概念的难关,成绩接近了第一梯队,身体上有很大的增强,工作上也得到了好评,加之他主动承担宿舍的劳动等,第二学期组织上就安排他做了班干部。当时的班干部叫"班三角",即以班长、团支书和班学生会主席为核心,班长是行政线,下辖各课代表;团支书下有组织委员、宣传委员;班主席下有生活委员、体育委员等。华成负责的是团的工作,这是他在大学开始全面发展的起飞点。

做了班干部要协助处理许多事务,其中一件较大的事件,给华成留下了深刻的印象,这就是推荐留苏学生的问题。当年国内启动了留苏项目,由大学一年级推荐留学生,在国内学习一年俄语,再去苏联念 5 年大学,整个大学要 7 年,但这在当时仍被认为是青年人最好的出路,人人愿争。华成当然愿去,领导也问过他的全面情况,他实事求是地说了身体上有疝气,尚未手术。他也实事求是地推荐了所有一年级上学期学习比他好的同学,两个上届生三个应届生,三男二女。最后领导确定了两个应届的女同学。这两个女同学确实不错,学习好,人也聪明俊秀,曾是许多男同学的偶像。一个大点儿的女生,已被当时的班长追到,班长又高又帅,学习也不错,还是班篮球队的中锋队长。小点儿的女生,至少有三个班上的帅男在关注着她,有的开玩笑式地流露,有的公开表露。不久,大点儿的女生把班长甩了,班长很颓丧。同学有许多议论,有些同学就对华成开玩笑似地说,他们是拆散鸳鸯,胳膊肘向外拐,全班 30 个人,一共只 5 个女同学,就走了两个,好事不为班上考虑,也不为自己想想。华成想,"君子成人之美",不能凡事先考虑自己。他认为如出现这种想法,就是"罪恶"。这时的华成真是单纯至极,在那个路不拾遗,夜不闭户的时代,这种思想单纯的人比比皆是。

华成学习进步,思想纯正,工作积极,并且有一定工作能力,他的基础铸牢了,闪光青春的步伐也随之加速了。华成并不是很自觉地争取起飞,也没什么野心,进步似乎是自然而然的。后来他反思总结,其实对于年轻人来说,几点领悟能知道得越早越好。

成长之道,为人之道,贵在:

● 节私,即节制自己的私欲,私欲膨胀就贪,贪则腐。无私才能正,节私修炼正。年轻时代打好基础,根正才能苗壮。

● 德智体全面发展。积极做社会工作,大事小事认真,为人做事,锻炼自己,不仅不会影响学习,反而效率效果均会提高。

● 进取,进取就能进步,进步就有乐趣,乐趣就能持续,让你的青春充满朝气。

人生转折大学时,
身体知识同步提。
后劲多赖基础好,
三好方向宜坚持。

第Ⅱ-4回　腾飞路上有跌宕
　　　　　峰登三好领头羊

　　进入二年级，华成被调至校团委做组织干事工作。当时的校团委只有三个专职干部，即拿工资的干部，一个书记，一个组织部长，一个宣传部长。华成的第一项任务是要制作一个全校团员的名单。在没有计算机的当年，完成这个任务是很费劲的。要根据各系报上来的纸片名单，修改原来的名册，这个名册已经被改得面目全非。还要重新设计每个团员的数据项，如姓名、年龄、籍贯等，当时还没有手机号码这个数据项。可想而知，数据量是很大的，但并不复杂。做好的标准就是全、准、快。华成催促各系上交名单，整理草稿，然后抄写。自己完成草稿后，他就发动本班的团员同学帮着抄写。华成从小就善于利用自己的小伙伴帮着做事，他帮助他们制作弹弓等技术方面的活，这些孩子则听他的话帮他干体力活。当时大多数同学都是不吝啬劳力的，很快就完成了任务。华成这种善于组织，做事效率高的能力给团委领导很好的印象，之后不久学校召开了团员代表大会，华成就被选为团委委员，他不改老行，担任了组织委员。后来团委决定成立各系的总支，在筹备阶段名为工作组，华成又担任了团委电力系工作组组长，甚至住进了总支办公室。虽然学校的工作很忙，但他从未因工作放松了学习。他的成绩一直向上，曾达到过全班第一，几个上一班留下的同学相继退后，其中一人因此压力过重，又犯了失眠。另一个上过技校的同学，也因过于偏重技术，而不适应理论学习，也退了下来。

华成就跑到了最前面,他仍然不忘全面发展,成为班篮球队的主力之一,他在边路的远投和近篮的勾手投都相当准,多次获得观众鼓掌和喝彩,班篮球队曾获全校班级联赛冠军。他的胡琴技术在这段时期有很大的提高,本班的民乐队几乎每个星期六均被邀请在学生大食堂为全校舞会伴奏,这些伴奏全是义务的,顶多招待他们点儿糖果和茶水。星期天的傍晚,民乐队在自己宿舍前练习,他们演奏中国民歌和广东音乐,悠扬的旋律惹来许多同学围听,他们自己也沉醉在这悠扬的乐声中。现在想起那时的情景,真感到幸福就在当年。后来他还学习了小提琴,他没参加过什么正规的训练,就以胡琴的方法推测,自己也能奏些民歌,自我欣赏,提琴伴他度过许多孤独寂寞的时刻。这时的华成风华正茂,信心满满。不久华成就被学校评选为"三好生",并代表全校三好生在全校颁奖大会上发言,他在这个小学校俨然已成为公众人物,在许多公众场合总是被众目睽睽,开始他很不习惯,慢慢地才会泰然处之。这是他在这个学校登上的一个顶峰。年轻人的能量是很大的,只要事情愿意做,有兴趣,再多的事情也能做好,做好工作的同时也能学习好。

  处于青春期的孩子们,如果说没有对恋情的向往那不是真话,华成也不例外。由于中学的挫折,加之他较同班同学年龄小、个子矮,他对现在所面对的群体总是没有感觉,且有自卑感。有个周末,他在为大家跳舞伴奏时,本班剩下的三个女生中个子最高的那个主动邀请他一起跳舞,这个女同学差不多比他高一头,跳舞时,她喃喃自语地说,别人有舞伴,咱只好找小鬼了。华成一边礼貌式地陪她跳舞,一边甚感自卑地想:"不是有人说一米七以下就是半拉残废人嘛,看来自己将来只可能找个比自己矮的、小的凑合着过了。"著名作家丁玲不是有句名言吗,找对象的条件是"只要是人,是女人"就行了。可是没过多久,他就被一个女孩吸引了。这是本系低一班的一个四川女孩,名叫常薇。一对大大的眼睛,水汪汪的,细细的长眉,瓜子脸,中分两条长长的乌黑发亮的辫子,走路有点外八字,跑起来有点像鸭子,不仅没有降低美感,反倒让人感到很可爱,她有个外号"毛虫"。她比华成低一班,是她们班年龄最小的,也是她们班的团支部宣传委员。在华成召开的系团总支干部会上,她总是坐在下边,认真地听华成的讲话,从不走神,眼睛里总是显露出尊敬。会下遇见时,开始总是她先打招呼,问些关于工作上面的事。后来熟了点,华成就叫她"毛虫",她只是笑笑,好像很不好意思的样子。华成试着问她些工作以外的事情,例如喜不喜欢音乐啦,她也只是笑笑不予回答。华成自己感觉,他们之间已有相互的感应。就在这时,她接到学校的调令,学校调了一批学生到北京进修,准备将来回来办新的学校任老师。就此华成和她断了联系。后来华成考上清华到北京时,曾打听过她,听说她已有了男朋友,就是她们班高、帅的男同学。再后来,听说她的感情经历有曲折,该男同学婚后不久即逝,华成很可怜她的经历,但也无助,这是后话。

正是这段感情给华成前进的征途带来了跌宕,他在二年级下学期时由于分神,成绩降到了全4分,自然只是比中等高一点儿了。这次跌宕引起华成深深的思考。理论上说,爱情可能会相互鼓励,事业和感情可能双进步,但他看到的许多同学情况恰恰相反,都影响了学习。现在他再次下决心以后一定不要再受干扰了,要专心学习,专心成长。这时学校在学习管理上也出现了一些错误的做法,让每个学生都要保证拿全五分。华成自然也不例外地要保证未来的两年要拿到全五分,他又回到专心学习的轨道上来了。青年犯点错不怕,只要能及早认识,及早回头,他们是有时间的。如果执迷不悟,就有可能贻误青春,影响一生。

    人生哪有全直路,
    总有跌宕和起伏。
    成在适时拨迷雾,
    败在执迷不知悟。

第Ⅱ-5回　自觉学习掌方向
　　　　　　　入党确立终生愿

　　不觉大学的学习已经过半,经受过一些风雨磨炼的华成显得稍微成熟。既然自己已经做了争取全五分的保证,那就要积极地实现自己的承诺。他做什么工作都出奇的专注,不走神,上课听讲,下课作业,帮助别的同学。他仍然认为帮助别人,能使自己的学习更深入,理解得更全面,记忆得更牢。即使在期终考试,时间很紧的情况下,他也坚持做,和同学一起复习,不厌其烦地给同学解答问题。期末考试后,全班只有6个人得到全五分,华成是其中之一。这时一些老师提出了"全五分保证不妥"的看法,他们说,成绩本身就是为区分学生学习成果的差别,都给五分,打分还有什么意义? 况且,五分的保证给老师打分造成了压力,不自觉地就会把五分的比例提高。慢慢地这种做法也就淡出了。但华成的全五分却给了他信心,他有着更充足的勇气争取进步。

　　正在此时,中国共产党开始了加强在大学生高年级发展党员的工作。学校进行了许多党的教育工作,办了许多党课学习小组,华成在这些学习中联系自己的思想,对过去的老问题又提高了认识,显得更加成熟了。当时华成觉得自己还不够条件,有些问题只是认识到了但尚未改好,例如傲气问题;还有些问题也未想清楚,例如,毛主席既然已知王明错了,干吗不自立领导得了;在错误领导下,让你执行错误的行动,是否一定要无条件执行？当时组织已觉得他是真心向党的，条件已具备就吸收了他入了党，成为候补党员（现称预备党员）。华成非常激动，他在自己的汇报中写道，从今以后，他的所有东西全是党的——他的被子、衣服、书籍和他的身心。他要一切听从党安排，为党的事业，为共产主义奋斗终生。华成一生没有忘记这个承诺。

此后，华成注意考虑人生的意义了。他不仅反复学习了刘少奇同志的《论共产党员的修养》，还看了许多革命的小说，如《钢铁是怎样炼成的》、《卓雅和舒拉的故事》、《青春之歌》，苏联小说《大学生》、《三个穿灰大衣的人》等。书中英雄的事迹不断地鼓励着他进步。苏联青年战场英勇杀敌，建设不怕艰苦，奔赴西伯利亚建设共青城的形象，总在他的脑海里显现。尤其保尔的一句话"人活着就要让别人感到你有用"，让他明白了人生的意义，坚定了他要一辈子为人民服务，为人民做好事的信念。

成为一名共产党员以后，组织对他的要求越来越高，担负的工作也越来越重要。后来开展的"肃反"运动中，他实际上负责了全校肃反办公室的学习领导组的工作，其任务包括布置学习，听取学习汇报，编写学习动态，掌握群众思想动态等，更重要的一项任务是帮助领导写大报告稿，撰稿组由三人组成，组长是一个团委副书记，华成是两个成员之一。肃反领导小组由一个党委副书记负责，他每天晚上召开各系领导人会议，听取汇报，布置明天的学习，华成都参加听汇报。如果书记决定明天要给全校师生做大报告，书记就把撰稿组留下，布置写稿的要点，华成他们就连夜写稿，一直要写到清晨，在书记吃早饭时，华成给他念稿，边念边改，念完改好以后，书记就拿着稿去报告，华成他们就回去睡觉了。年轻且精力旺盛的华成对这种革命工作的方式觉得很新鲜，精神也十分兴奋，工作自然非常积极，领导也都感到他勤快敏捷。他自己写报告的能力也得到了很大的提高，为他以后课程作业和论文报告的编写打了好基础。他的整体观念和宏观分析能力有很大的提高,他的概念构思、框架设计和抓住重点的逻辑思维方法也有收益。

　　似乎是华成的学习能力有了增长,在此后的学习中,他很善于抓住问题,深入思考。一位老师在教动力经济课时,讲了一个概念,厂用电价不应计入成本,同学们有许多疑问,明明用了电,为什么不算呢？老师翻来覆去也说不明白。课后,华成就用成本计算公式推演,用公式证明了,厂用电就是不应当计入成本。老师肯定了他的证明,同时赞赏了他的主动钻研的努力。在期末考试时,华成的动力经济有一题没做对,他心想这回可糟了,全五分的保证黄了。当成绩公布时,他一看,怎么还是五分,原来鉴于他平时有创意的学习,平时成绩给他加了分。他很感谢这位老师,很佩服他,也永远地记住这位老师的名字,文炬。老师的一个特殊公正的关怀,往往能让一个学生记一辈子,希望我们的老师都能做点亮学生正能量的火炬手。

　　　　　　　　　　学习贵在知自觉,
　　　　　　　　　　做事贵在有兴趣。
　　　　　　　　　　共产理想激正能,
　　　　　　　　　　乐观进取贯一生。

第Ⅱ-6回　海外关系否留苏
　　　　　发奋高跃毕业关

　　1956年春,华成迎来了大学毕业年,这个时段对青年来说是个十分关键的时段,是学习和工作的转换期,也是命运的转换期。正在此时一个不愉快的事情发生了,平时和他一起工作的顶头上司——团委书记告诉他,因为他有个表姐在台湾,属有港澳台亲属,不能被推荐留苏了,让他正确对待。这时华成刚入党不久,还没转正,心态也非常纯正,他愉快地答应了,表示自己一切听从党的安排。

　　如果确定准备留苏,那就简单了,只要安心学习等待就行了。现在不能不考虑毕业后干什么?去哪里?尽管当时实行的是"分配工作",而不是自谋职业,但也要填报志愿。摆在华成面前的有三条路:第一,当一个电气工程师,投身建设祖国的最前线。第二,考研究生,继续学习,以后做个教授。第三,留校做学生思想政治工作。

　　他在大学期间,一直自豪于将来能戴着安全帽,在工地指挥着工人安装高高的输电铁塔,脑袋里不时地闪烁着"在远离莫斯科的地方"建设共青城的画面。对于留校或攻读研究生,将来做个官员或教授,虽然曾有过想法,但并不强烈。然而对三个教授在莫斯科河上潇洒漂流的"愉快的小舟"情景,也曾让他十分羡慕;虽然他有机会成为专职做学生思想工作的政工干部,以后也很有机会成为局级干部,在大学期间华成一直做学生干部——班团支部书记、系团总支书记、校团委组织委员,最后还担任过团委毕业生工作组组长。当时的社会舆论认为,做政治工作是最光荣的、贡献最大的,但是这和他根深蒂固的技术价值观有点儿不大相容,他总有点儿不舍得丢掉作为自己优势的技术根底。他犹豫了,不知所措了。别想了,听天由命吧。

最后一年,华成决心要保持大学学习的好纪录,以完美的成绩完成大学学业。从大学三年级起,他已经实现了全五分,以优秀的成绩结束了大学的课程学习。毕业实习时,他们到了北京石景山发电厂,中间有三个星期天,同学都去逛北京城了,他一个人在宿舍里写毕业设计报告。当一个人有种创意的想法时,他会怀着极大的兴趣去实现它,观光游览的兴趣也会低于它,他会非常乐意地投入其中,享受乐趣。别的同学均是按实习的顺序,即输煤车间、锅炉车间、汽机车间和电气车间的顺序写实习报告,华成却按照输煤系统、给水系统、蒸汽系统和电气系统编写,每个系统均跨过车间的边界,从全局的观点分析,透视系统的内在架构,分析它的问题和改进的途径。由于观点的出众性、新颖性,华成受到了实习领队教师的极大好评,说华成是自己指导实习以来最出众的学生,给了他满分。华成在这次实习中展示了他的宏观分析能力和创新能力。

毕业设计就是工科院校的毕业论文,是工科生的最后一个综合考核环节。工科院校的毕业生,通过了毕业设计答辩,就由国家考试委员会授予"工程师称号",他们就可以自豪地以工程师的身份走上建设祖国的战场。这是华成大学战场的最后一场战役。他下决心要完美收官。老师给他发的设计题目是设计一所由两台6000千瓦机组组成的小型火电站。

他废寝忘食不分昼夜地"赶工",设计只要求用铅笔粗描,他全部用鸭嘴笔墨描,设计只要求画 6 张图,他画了 12 张。墨描一不小心,滴上一滴,就得全张作废。在那初夏的日子,在那没有空调的过去的年代,他经常是汗流浃背,图板的右前角总是放着一条湿毛巾。设计工作不仅是脑力劳动,也是繁重的体力活。华成的设计完成了,全面而细致,加之他用了单母线替代传统的双母线方案,体现了适应环境的灵活性。他的答辩得到了以西北电业局长为主席的答辩委员会的高度评价,得了优等成绩,并且他还被推荐为中国第一届副博士研究生。优秀的答辩,大学的完美句号,使华成的兴奋久久不衰,一直持续超过了半年。命运让他不用考虑分配问题了。他又进入了复习迎考的时段。

华成已经毕业,同学们均已离校,学校特例让他仍住在学生宿舍,准备报考清华的研究生。他复习外语,复习政治,他把两门专业课的苏联经典教材,克鲁格的电工基础和柯斯琴科的电机学彻底地逐句逐字搞懂,把它们的两本习题集全部做完,还看了不少的参考书。由于报名人数不足,考期一再延迟,华成每天都在图书馆复习看书。久而久之,流言广传,在那个小学校里,很多人都知道有个学生要挑战清华研究生。这一方面激励了广大同学,另一方面也惹来了一些趣事。他在走路时,有的低年级女同学,和他狭路相逢不让路,斜眼相视扭头笑;图书馆里抢他附近的座位。华成接受了过去的教训,淡而处之。可是有一天,一位同届的女同学堵住了他的去路,要和他说话。她是别的系的一个班干部,是个起义将军的女儿,聪明而有淑女风度,说以后要和他通信联系。华成在这方面总感自卑,心想自己个子不高,相貌不帅,加之以前的挫折,就想将来工作有成就了,找一个低层次的,脾气好的,过日子就行了。今天站在自己面前的也算是大学中的佼佼者,真让他感到突然,不知所措。看到她红红的脸,鼓足了勇气的期盼的眼神,他实在不能伤她的自尊心,就答应了她。华成久久不解的是,女孩子当面找男孩子吐情,应是"仙女下凡"同情受欺压者,或是美女寻英雄,常人很难遇到这种情况,为什么偏偏让我遇上呢?看来,自己还是要好好地发挥自己的优势,专心自己的事业,生活问题也就会迎刃而解。美好的大学生活就此结束了,未来将会有更多的不定和不解。

误判误定常有事,
勿因错待惹自弃。
务本进取唯一路,
越过就有光明途。

III

迟到的成熟

II

政治的反省

第Ⅲ-1回　艰辛旅途奔职场
　　　　　首发工资寄母亲

1956年秋，华成在大学通过了毕业答辩，又经过了副博士研究生的招生考试，将要怀着胜利和愉快的心情走上工作岗位。由于研究生录取的时间推迟，他应当先去工作岗位报到，如果清华录取，工作单位就应服从国家的需要，放人。所以他就先去工作单位电力科学研究院报到。这是电力部直属的最高研究单位。

大批的分配派遣工作已经结束，华成就要独自跑各部门办手续，好在校内各部门态度都很好，办得也很简捷，他很快办好了手续，领了学校的派遣费。可是旅途的安排就全得自己来做了。由于华成没有长途搬迁的经验，他买了一张慢车票，从咸阳到北京清河，火车要走两天三夜，站站停，慢得像蜗牛。初生牛犊不怕虎，他毫不惧怕地自己打包、托运行李，独自上车。那时最低等次的车厢是硬板车，座位都是硬板的，直直的靠背让人只能像部队士兵一样挺直地坐着。车上并不提供盒饭，当年还不知什么是泡沫饭盒，有餐车，很贵，大多数人都是自带吃的，什么烧饼啦，水果啦，蛋糕啦，五花八门。单身的人则喜欢在每站停车时，下到站台去买吃的，有的站停的时间还很长，可以上厕所，洗脸刷牙，站上有水龙头、厕所等设备，很像现在的高速公路边的大巴休息站，倒是别有一番风光。也可在站台伸伸腰，休息休息，看看沿途不同城镇的风光，吃到不同地方的特色小吃。华成非常喜欢吃这些地方的烧鸡。开始两天他吃着烧鸡,看着窗外的风景,心情非常开阔,不时回忆起不平凡的大学时光……

首先想到的是,没有共产党,他就没有可能上大学。妈妈告诉他,家里没条件供哥哥上大学,同时再供他。他中学念完后就应该去工作。他犯愁自己的个子这么矮,能做什么工作呢?做教师,压不住讲台;做店员,压不住柜台。正愁着,解放了,一切都成为过去。吃水不忘挖井人,翻身不忘共产党,现在自己成了党的人,任何情况都不能做对不起党的事。

他又想到的是妈妈真不容易,一个人在四川的小县城里打拼,只为供两个孩子上学,自己走后,她一个50多岁的人,孤单地留在那里,多么不容易,不知道她忍受了多少难熬的夜晚。现在自己和哥哥都已经工作了,一定要尽快把她接出来,一家团聚,让她晚年无忧无虑地生活。

更多的还是想到自己这一段的经历。实际上在大学他主要就有两条经验,简单说就是:进取和做好自己。人生要保持一个基本态度,那就是进取、进取,永远进取。年轻人在顺境中是容易进取的,问题在于不顺利时。尤其在自己努力,别人使绊儿,或瞧不起自己,感到委屈时,容易自弃。华成在大学中也有几次坎坷,不被选做干部,因感情成绩下降,值得欣慰的是,自己坚持做好自己,积累了正能量,走出了低谷。未被选上留苏,自己没有放弃,终于又得到机会将要到清华学习。"塞翁失马,焉知非福",不要过多地计较一城一池的得失。华成似乎成熟一点儿了,有些三十而立的意味,可当时他才21岁。

他也带了小说想在车上看,可因为车上秩序乱,站站停,上车下车,没看多少。不觉已经两天多了,快到北京了。华成心情十分激动,但身体已相当疲乏,两小腿已经肿胀,身体各处酸痛。正在这时,似乎已可望见清河了,原来这是北京北郊一个小站,十分荒凉,就他一个人下站。问问工作人员,他的行李已经到了。可是这里到电科院还有一段距离,怎么办呢？他就想，重赏之下必有勇夫，在站外看到一个农民拉了一个空板车，华成给他十块钱，这可是大半个月的生活费了，农民很乐意地答应了。华成自己走路，农民拉着他的几件行李，其实也就走了半个小时左右就到了。对华成来说，长途搬迁圆满完成，十块钱值。做事情不要太斤斤计较，大方才能大气！对于帮助过自己的人多酬劳一些，不能说是浪费，只是创造价值的再分配，他在自己安慰自己。

电科院报到后，他退还了多余的差旅费，差不多退了 1/3，这归功于他坐了最便宜的车，会计部门都很奇怪，一般都是要给来报到的人补贴一点儿，哪有派遣单位给接收单位送人还送钱的。反正顺利到达就好，华成也未感到吃亏，也许吃亏是福。分配宿舍时，由于已过了大批报到期，宿舍已基本分完，就把他暂时安排和司机、厨师住在一起，三人一屋，生活和工作习惯的差异，使他经历了一生最不习惯的居住条件，比起当年土改时和贫下中农同吃同住同劳动时的情况还差。他们作息时间不一致，每天好像没有一个时间是安静的。屋里东西乱七八糟，随便抽烟，烟雾腾腾。他刚到这个单位，就想忍忍，以后再说，不要刚到一个单位就显得娇气十足。华成大部分时间都不在宿舍，大部分东西也都放在办公室。办公室是新盖的，很宽敞，很气派，也是华成历来工作条件中最好的。但是一进职场，马上就有许多不同于学校的气氛，最突出的是等级观念。当时国内企业推行苏联的"一长制"，就是说"一人说了算"。直线系统的负责人就是"长"，在电科院就三种人是长，即院长、室主任和专业组长。这些人在院里，走路都是昂首阔步，盛气凌人。院里的总工程师更是让华成感到高高在上。他们的月工资高达 900 元，比毛主席还高，毛主席当时是 500 元，后来自己又提出减少 10%，才 450 元；室主任最高可达 300 元；技术员最低的 62 元；华成才到，是见习技术员，每月才 56 元。就算 56 元，对华成来说已感觉相当充裕。工作条件也显等级森严，室主任是单间，外套间有秘书；组长是大间中隔出的单间；技术员是大间中的一张桌子。室主任的椅子是皮垫的办公椅；工程师或高级技术员的椅子是椅面上有臀部刻槽的；技术员就是平板的。在办公室中，是不可以随便拿别人的椅子坐的。华成这个刚来的见习技术员，条件当然是最差的。

华成没有被这种森严的等级制度镇住。他相信技术的实力和工作的能力会穿越这些等级。不久，华成所在的继电保护室召开了党员会，讨论支持室的中心工作问题，室主任盛昌大讲了当前要推行安全规程和业务规范建设问题。华成在大学四年级刚学了电力工业法规，这是电力工业的最高法律。华成似乎是很老练地做了发言，他说："完全同意昌大同志的讲话，电力工业的安全是最重要的，没有安全就没有一切。所有工作都是符号0，安全是最左位的1，只有有了这个1，所有后面的0才有价值体现。要保证安全，就要严格地认认真真地贯彻法规和各种规章，我们的设计要符合各种标准，包括设备的距离、操作的顺序、检验的时间，如电厂每年必须有两次小修、一次大修等，养成良好的规范习惯、良好的作风，我们的工作就能走在前头，我们的科室就能带领我国电力的继电保护工程走向世界的前列。"看似一个非常普通的讲话，却引起了科室的震动。华成当时才21岁，又矮、又瘦，就是一对大眼还显得炯炯有神。说话的神气简直像个小大人，大干部，把室主任称作昌大同志，真有胆量，但单纯、热情、说得在理，说得条理清晰、口齿伶俐，很让人佩服。也许这些大哥哥大姐姐们怀着赞赏聪明孩子的心情，没有对他有什么反感。其实他当时没有一点儿显摆自己的想法，反正不久就要走的，抬高自己压低别人对他也没什么意义，只不过是对本室的工作的一种愿望的表达，没想到竟然得到大多数同事的好评，甚至想劝他别走了。过几天以后选举党支部委员时，他就被选为支委。

这次赴职场为什么和进大学如此的不同呢？华成自己想，可能是由于自信心不同了。当时是由县城中学到正规大学,现在虽然是由西安到北京,但有个背景是由正规大学要到顶尖大学,知而起敬,这就是一种势,一种场,或者一种口碑,这种无形的力量,往往对人工作的顺利起着关键的作用,华成好像又多懂了一点儿社会。要自己珍惜并构筑自己的名声,要给人以真诚、勤奋、热情的形象,不断积累自己的正能量。

第一个月的工资发放了,华成无比地兴奋。啊!我终于能挣钱了,这是我多么久的盼望,这是多少年辛勤付出的结晶。高兴又带来了回忆,华成第一个想到的就是自己的母亲。她老人家,一个一米五左右、又矮又瘦的女人,用她瘦弱的肩膀,挑起了多么重的家庭重担,越过了多少个绝境,抗日逃难,夫逝边关,子五夭三,等等。现在母亲一个人在千里之外的县城打拼,忍受辛苦和孤独。华成就在第一个月工资中拿出 10 元钱寄给了妈妈。告诉她孩儿已经能挣钱了,妈妈不要担心了,以后孩儿和哥哥能给她养老了,会尽快把她接到北京,让她愉快安度晚年。妈妈收到信后,流下了眼泪,10 元钱并不多,但反映了孩儿的心意,孩儿知道孝顺了,懂事了,这眼泪已经不是悲哀的无助的眼泪,而是喜悦激动地流泪,眼泪开启了她憧憬未来幸福晚年的大门。据说那些天她见到人就说"我儿子能挣钱了"。

华成在电科院接受的第一项任务是编一本继电保护设计手册。他和电力设计院的一位刚从苏联莫斯科动力学院归来的留学生肖某一起编写。华成敬重他是留学归来人员,他也得知他是挑战清华研究生的优秀生,不可小视。相互尊重,能够彼此平等商量讨论。肖某要比华成大三四岁,两个人学习背景不同,处理业务的方法也不同。当时用的参考资料都是俄文的,华成十分奇怪的是,自己俄文不太好要经常查字典,怎么他也老查字典呢?原来他不懂俄文字的中文。他用苏联那一套,很喜欢用矢量图,华成刚复习完电工很熟悉复数,就用复数计算,省得画图,减少了麻烦,但一般人也许并不熟悉复数,所以手册上给出了两种计算方式。华成刚学过电力工业法规,对我国的规定较熟悉,也就更多地强调手册要符合法规。两人合作得很愉快,华成感觉到他脾气很好,平易近人,像大哥哥一样。当华成被清华录取,要离开时,大家真有点儿舍不得。当华成后来得知他是高干子弟时,大为震惊,也深深地感动,那时的高干子弟大多不张扬,平易近人,也许是他们跟着父辈东奔西跑,知道社会,了解人民吧。

华成短短三个月的职场体验给他充了不少正能量,也为他的人生道路摆正了方向。

步入职场不必怯,

尊上和群早入列。

不吝多劳不争利,

筑好气场待发力。

第Ⅲ-2回　兴奋走进清华园
　　　　　清风扑面心生敬

　　正在华成职场工作有个良好开端,正想完成一部有意义的手册之时,华成收到一封再普通不过的信件,油墨打印在黄黄的纸片上,简单的几句话,顿时让华成的情绪炸锅。华成被录取了,马上就要成为清华大学的研究生了,成为全国第一批副博士研究生了。众说人生最乐是金榜题名时,华成第一次感受到。

　　清华大学,这个全国青年向往的地方,位于北京的西北郊,西邻圆明园、颐和园,南连中关村、科学院,东有八大院校,北过林荫接体院,处于中国科学和教育园区中心的中心,风景优美,交通便利。学校原址是个明代的王府,叫清华园。它是典型的中国古代园林式建筑,亭台楼阁,小桥流水,一派宁静优雅的格调。走进清华园,就让人忘掉都市的喧闹和人间的烦恼。在古典建筑的东面是清华建校时仿照西方风格的教学建筑,有大礼堂、建筑学堂、科学馆、图书馆、电机馆等。古亭和石桥插入西方式草坪和楼馆中间,形成了中西方文化平滑无缝的融合,别有一番风味。

　　华成来清华报到,一进清华园,清华优美的校园和它光荣的历史,就给人以豁然开朗之感。浓郁的学术气氛、高尚的文人气质、温文尔雅的作风,使华成肃然起敬,他屏住呼吸,慢步行进,生怕不配这高尚的气势。不由得他想起了描述清华的诗句:

清华园,林荫藏楼静悄悄,学子攻读热气高,书声腾云霄,

清华园,鹅毛瑞雪纷纷飘,操场跑道铺银毯,晨练乐陶陶。

啊!清华,这块神秘的地方,难怪人传,古代大人下马下轿,当代高干车不进校。这种气氛给人以清正高尚、尊师尊知、追求真理、平等自由的气氛。自己到了这个势场中,要好好学习,融入其中,培养气势,转植"基因"。

短短的几天,华成就被这种浓郁的文化所感染,他懵懵懂懂地体会了一些清华文化的精髓,有些是对的,有些也许不全对。清华文化的集中体现就是它的校训——自强不息,厚德载物。其引自易经"天行健,君子以自强不息;地势坤,君子以厚德载物",这说的是天道顺,君子要自强,且永不停息;地势磅礴与和谐,君子要积德,从善,包容万物。

华成体会较深的是自强,他理解自强就是进取,不息就是永不停息,合到一起就是,进取,进取,永远进取。或者反过来说,不弃,不弃,永不放弃。Never give up, never give up, never never give up! 从此华成就把进取当成了自己终生的座右铭。清华人的自强修炼中,也不能说没有一点瑕疵,例如,学生在气质上不崇拜权势,不羡慕富有,崇尚真理、平等、自由,以知为荣,以能为荣,这有鼓励进取的一面,但也不乏过度的理解,形成一些误导的压力。有些小的感受使华成的清高的思想有些回潮。

故事1:一个学习很好的清华物理系的学生,到理发店理发,突然想到理发员不懂量子力学,这辈子真是白活了。

故事2:一个学习很好的学生,对他热恋中的女同学说,"对科学家来说,女朋友是个陪衬",这种高傲的态度搞得女同学很不满意。但据说他们以后关系一直很好,他并没有什么花花肠子,只是有点呆,但呆得可爱。这种思想有多重版本,很大一部分男生认为只要自己事业有成,爱情会自然到来,这是信心,还是自傲?

故事3：华成有个表弟，在上中学时，华成一直辅导他的数学。有次，一道几何题，他做不出，问华成，华成也不能马上答出，后来用解析几何的方法解出，再反推出几何的解法。为了及时告诉他，华成走了半小时路到表弟家。他家父母很感激华成。后来华成到北京实习时，他已在清华热工专业学习，他问华成在何校学习，华成说西北工学院，他满不在意地说，"怎么没听到过这个学校？"华成愕然，感似针刺。华成研究生报到后，去看表弟，给了他一些有用的书，华成不经心地也说了句"你们系好像没电机系录取分数高吧？"他支吾不答。此后，他没再找过华成，据说，他也没考研究生，到了外地高校工作。华成似乎感到他也受了点芒伤。无意的竞争，文人相轻，在清华，在主流文化之下，也有暗涌。

这种竞争造成了清华学生巨大的心理压力，华成已嗅出这种味道。在学习清华好的校风的同时，也受到扭曲，他下定决心要争口"气"。

不久，钱伟长副校长和研究生处召开了全校研究生会，华成才知道全校一共才录取了12名这种副博士研究生，考上这种研究生，比现在各省的高考状元还难，因为它基本已定人生。这是中国学习苏联第一次招收副博士研究生，国家在此时号召向科学大进军，高教部、学校均很重视，要求也很严，清华规定只有二级以上教授才能作为指导教师，时任指导教授的全都是名人，如钱伟长、刘仙洲、梁思成、张子高、陶葆楷、章名涛、钟士模、吴仲华等，华成的导师程式虽然名气不如这些人，但他确实是德国的正规博士出身。在这种压力气氛中，使华成得以安慰的是有一个教授给华成展示了榜样，他就是高景德，后来的清华校长。高是西北工学院1945年毕业生，是华成的老校友、学长。后来，他去苏联留学，攻读副博士，由于研究成果突出，越级授予了博士，成为中国留苏的第一位博士。当时他是清华的科研处处长，协助钱伟长抓研究生工作，由于他刚回国不久，是三级教授，所以还不是研究生导师。他也知道华成是他的双重校友,所以也比较关心。华成还修过他讲的"电机的过渡过程"的课,也多次到他家里请教。后来,社会上调侃"男怕选错行,女怕选错郎"这一说法时,有人说,你当时要跟高景德教授,恐怕现在也是院士了。华成并不认同,院士不是目的,做了院士又感到不是自己愿做的事,那也不一定舒服。作为国内管理信息系统(MIS)的倡导者之一,恐怕比原专业有更多奋斗的故事,这是后话。

12个学生中,只有三个是应届毕业生,一个是钱易,来自同济,一个是吴某,来自上海交大,另一个就是华成。其余均是工作了两三年以后来考的。钱易和华成是年纪最小的。钱易是个文雅贤淑的苏州女孩,甚有大家闺秀的风范,深入了解,果不其然,原来其父是钱穆。在当时这可是出身不好的标记,看到她在专心致志学习"污水处理"专业,而且脾气那么好,同学们大有同情之感,但也敬而远之,保持距离。她专注学业,不受影响,学有所成。改革开放以后,钱易成为我国环境保护专业的专家、学科带头人、中国工程院院士,还是全国政协委员。"塞翁失马,焉知非福",华成后来反思,自己遇到小挫折,总以自己是红根红苗红枝丫而得以躲过,他认真反思自己,如果遇到大难,能否忍得住长期寂寞,看来还得好好修炼。这也是后话。

面对这样的压力,华成决定一开始就要专注学习,赶上清华的水平,其他事情,以后再说。这种研究型的研究生规定要学要考的课程很少,只有五门,华成选了一门自然辩证法、两门外语(第一外语俄语,第二外语英语)、一门专业基础课电工基础、一门专业课电力系统模拟。由于基础不够,导师建议他补一些基础课,他选修了李欧教授的复变函数、钟士模的调节原理、高景德的电机的过渡过程,另外听了一门苏联专家开的模拟理论与计算技术。华成在学这些课程中感到了他和清华好学生的差距。例如李欧就说他的水平还不如该班最好的本科学生。李欧教数学可以说是炉火纯青,盛传他上课只带一支粉笔,内容和公式背得烂熟,抑扬顿挫有如艺术演奏,进度也掌握得恰到好处,经常话音刚落,铃声响起。华成十分景仰,着实佩服。对老师的评论他心服口服,只能自己加倍努力。

　　学校给这批研究生提供了很好的学习条件。华成印象最深的是"入库证",这是学校直接给教授和研究工作较多的教师发的进书库找书的证件。华成几乎每天都待在图书馆看书,有时到学生阅览室,感受书"声",有时在教师阅览室感受宁静致远。图书员都认识他。学校也给了他们和年轻讲师一样好的宿舍条件,两人12平方米一间。华成将两人的书架放在中间,将屋子隔成两条,一人一半,互不干扰,深夜写些东西时,不影响对方休息。一般来说,华成总是按规律工作学习,早上按时起床,晚上十点半睡觉,他认为保持头脑清楚,效率高,比坐在那里耗时更重要,不想学时,就休息一下。年轻,控制力强,他当时能做到说睡就睡,说醒就醒,醒就清醒,中午能睡20分钟全身血液通畅的小觉。宿舍的装修并不高级,甚至可以说是简陋,这是解放后应急赶建的,但是很方便、清爽。墙,就是白粉墙,电线的导管就是横穿屋中间的玻璃管,甚至是裸线铺设。也许是清华高雅清寒的气场感染了宿舍的风水,使它高尚。

　　华成整天活动的地方也很单调,人说"三点一线",教室、食堂和宿舍。他就多了两个,一个图书馆,一个北京王府井的外文书店。他的助学金虽不算很高,但他只为学习使用,也相当充裕。进城、坐公交车都不怕花钱。他别着一个清华校徽,走进清华校门、图书馆大门,门卫不拦,又很尊重,他心里美滋滋的。可是经常进城坐公交车,附近几个医学院的女生以奇怪的眼光看他,还背后私语,他很不自在,更怕被她们引错路。华成想攒两个月助学金买辆自行车,哥哥听说了就送给他一辆。华成每个星期天几乎都要骑车到王府井,车有点重,他却练就了一身骑车的好功夫,他后来到长辛店二七厂看哥哥,或到大北窑一机床厂做研究,也都经常骑车去,甚至以后去平谷县,180里路,他也骑十几小时到那里。到校内食堂买饭华成还单手端汤,单手上车;带两个孩子去医院看病,一车四人;自己驮着一个中等衣柜,从长辛店直到清华。清华园是个自行车王国,没自行车不行。学校里各种自行车全有,好的、坏的,进口的、国产的,还有自己自攒的。华成自己也会修车,把车拆光,给轴承上油,再攒上。熟练的骑车技术、爱车的心情绝不比他日后在美国初次开汽车的兴奋感低。他还心想退休后,和老伴一起骑车去北京旅游,可惜没能实现,这是后话。华成还非常喜欢篮球,经常下午自己跑到球场,和几个不认识的人,凑合打半场球,回来到宿舍公用澡堂洗个热水澡,真舒服。人少的时候自己在澡堂里随心所欲地唱歌,才知道那种澡堂的声音真好,不比现在的卡拉OK差。周六晚上跑到大操场,坐在栏杆上看看露天电影,或者自己拉拉小提琴,现在感到那是真惬意,那才是人生最美的时刻。

学习了半年多以后,清华已经有些风吹草动,似有山雨欲来风满楼之感,但他依然是"任凭风浪起,稳坐钓鱼船",安心地做着自己喜欢的工作。他似乎已经进入了学术的天堂,在享受着学习的乐趣。当他看懂了偏微分的弦振动方程和波传导方程的时候;当他看了一本俄文的索罗多夫尼科夫的《电力系统物理模拟》的书,尤其是其中的相似三定律的时候;当老师说他可能已是这个小小的领域懂得最多的人的时候,华成似乎有点飘飘然了,他感觉到似乎自己的眼睛一下子明亮了好多,看得好远好远了,进入了科学的殿堂。他看到那雷电波的彩虹,沿着辽阔大平原上的高压线,翩翩地飞过,多么美妙的图像啊!为什么在西工时华成没有这种感觉?在清华他感受到了,他羡慕那些科学家。他理解那位物理系的学生了,他也有了一种模糊的感觉,如果一辈子都不懂这种电磁波的美妙,自己也是白活了。但是回想钻研的艰辛,甚至几天睡不着觉,这辈子再想回到理科也是不可能了。理科的选择对于人生只有一次,但他尝到了,相信任何行业的前端均有美妙的风景。华成在工程上也实验成功了一个装置——发电机自同期装置,当平滑地将两台发电机并在一起的时候,他也感受到了研制产品成功的喜悦。

  风声越来越紧,北大的学生竖别校徽来清华串联了,大操场挤满了学生,大字报也在学校大草坪周围贴满了。华成依然不看不听,坚持着,坚持着,这美好的平静时刻,看他还能坚持多久。

      名校本应是净土,
      宁静致远脱世俗。
      宽松自由做学术,
      研究终会觅正途。

第Ⅲ-3回　激浪汹涌顺水流
　　　　　　务本冲前把住舟

　　清华校园内的涌浪越来越烈，看来华成也难以维持平静了。周围的一些情况使他不得不关心，一个是他的师兄，以"罗兰"的笔名，写了一篇大字报，大呼"自由"，轰动了全校，甚至全北京，全国。再一个就是"理工合校，还是分校"之争。虽然华成过去跟着参加过许多政治运动，但他在政治上还很幼稚，没有洞察的能力，对这些深层次背后的问题，想法简直空白，他只是直觉地感到解放后没什么不自由，学习苏联办工科院校，也没什么不对，他羡慕苏联的教材很深入、细致、严格，苏联工科培养的学生动手能力很强，机械系的学生做出来的活，能达到6～7级工水平。他的思维模式还是底层方式，看到的都是光明的一面，自己的成长也是一路阳光。到了清华，了解了理科，觉得理工合校似有点道理。但这个问题讨论讨论也无妨，为何要闹到在大操场画一道线，赞成"合"者站一边，赞成"分"者站另一边，还说站边是立场问题？他糊涂了，心想还是别多想了，不理为好。也许以前是为学业务，不愿费时间，现在确有点因糊涂而不愿表态。

　　当时清华最有名的大字报有两篇，一篇是罗兰写的，主张"自由"，一篇是SC写的，要杀共产党，对SC华成自然坚决反对，但也根本不信他能杀了自己。对于罗兰的文章，他不明白他为什么不好好学习，而要去搧动政治运动？成了大"右派"。后知罗兰是因为肃反时被审查而不满。这引起华成回顾以前的运动，想到了自己在肃反中的作为，虽然自己只管学习活动，没做专案，但也知道有些过火的情况，有些地方是伤了些人，但无论如何党的政策主流是对的，"一个不杀，大部不抓"，错的也都进行了平反。看来伤人容易，慰人难。政治的思考，慢慢地进入他的脑海。在这复杂的世界中，他仍然有很多搞不清的地方，最好的办法是首先做好自己认为最有把握的事，把它做好，"务本冲前把住舟"，他再次没有卷入讨论，而在书的海洋遨游。

整个学校的气氛越来越政治化了，学习活动受到影响了，教学没人管了，有些课停了，学生写大字报的热情也消退了，更多的是懒散，看来应当收场了。不久社论发表，一场大规模的"反右"开始了，不少人被划成了"右派"。华成所在的电机系可算是重灾区，总支书记被定为"右派"，还有几个委员成为"右派"、严重"右倾"，或"右倾"，受到党纪处分，华成仍然认为这些和他没什么关系，他藏在一个无人问津的小角落里，听而不理窗外事。但是运动的风浪要扫遍每一个角落，组织发现这里还有一个没犯"错误"的党员，就找他出来担任教工团支部书记，这回他想再不理已经不行了。任职后第一项任务就是处理罗兰的问题。华成了解了罗兰的情况后，对他历史上的行为没好印象，加之在运动中好出风头，不好好学习，所以觉得理应处理，也就很快按程序办了，开除团籍，令其退学。不久，又有一案要处理，就是本支部一位教师，教学很不错，也是团支委，他在外校的女朋友被划成"右派"了，组织要求华成给他做工作，让他断掉关系。没想到华成不管怎样给他做工作，他就是不同意，无奈，最后也落得个开除团籍。似乎华成这是按程序办的，也没错，而这位教师重恋人，忠于情，宁愿自己承受一生苦痛，也可理解。这件事在华成心中一直是个疙瘩，难道事情就只能这样吗？华成感觉到复杂了，只是洁身自好有时解决不了问题。

也许正在这时，华成迈开了走向成熟的步伐。

"反右"以后，就进入了1958年"大跃进"时代。"教育为无产阶级政治服务"、"教育与生产劳动相结合"的口号响彻校园。学校以实验室和实习车间为基点，开始了大搞生产和科研的运动。华成所在的发电教研室分成了两条龙，"龙"是以教师为首，组织高班到低班各年级学生，形成的师生混合的团队，共同进行一项或几项科研项目。发电专业的两条龙是"华北电力系统龙"和"动态模拟实验室龙"，华成成了后一条龙的领队教师。该龙包括了动态模拟、模拟计算机和离子励磁等几个项目。动态模拟实验室的继电保护设计和控制室的土建设计均是华成完成的，不仅设计，施工也是采取"大跃进"的方式进行。图纸设计主体完成后，教师和学生就一起"跑"材料，"跑"加工，拿回部件安装。师生们学会了给厂家"务虚"，向他们讲项目的意义，动员厂家发扬"共产主义风格"支持清华教育革命。凭借社会对清华的崇敬和对可爱的清华学生的同情，跑料的工作一般都进行得很顺利。华成还写了一篇和同学一起"跑"到水泥厂，和同学共拉板车回校的文章，歌颂了学生不怕苦不怕累的精神，鼓舞了学生的情绪，他也获得了同学们的赞扬和尊敬。在离子励磁的项目中，师生们自己吹玻璃、做离子管、装电极，真的做出了整流管，让华成大开眼界，他学会了不少做事的方法和技巧，开始觉得参加"大跃进"收获不少，鼓舞了他积极参加的兴趣。然而，慢慢地，事情有点过头，甚至走向反面。似乎"大跃进"什么事情都能做到。"人有多大胆，地有多高产"，一亩地"吹"到了可产五万斤粮食，到处嚷着"放卫星"。一些教授因不同意过分夸张的言辞而受到批判，称他们是"白旗"，要拔"白旗"。在一台电机上搞点小毛病，让电机学教授修，出他们洋相，不能马上修好，就说他们没知识，还不如工人等。这种倾向引起了华成的担心，他担心有人过分吹嘘整流管的能量，如果超负荷，玻璃管爆炸，那将要出大事，他负不起这个责任，他开始思索了。他对有些"墙头芦苇"式的知识分子,一味地吹喇叭抬轿子违背自己知识的人物很反感。如有的知识分子写文章,说计算了太阳晒到每亩地上的能量,每亩生产五万斤是没问题的,等等。源于对这些浮夸现象所引起的担忧,有人开始说怪话,"心中没底鼓干劲,愁眉苦脸大跃进",华成原认为他们在发牢骚,现在觉得也应当同情他们的痛苦心情。

世界上充满着各种形式的群众运动,正像华成后来常说的,人类现在尚处在十分幼稚的阶段,世界充满着无规则的"布朗"运动,浪费了大量的能量,生产力才提高一点点,在群情激昂的情况下,非常容易过火,政治家们说"矫枉必然过正",控制论专家说"超调",这种过头,或者"失控"的现象危害甚大,却难以防止。"大跃进"有解放思想的一面,也突出地显示了"超调"的危害。这引起了华成的思考,成为他以后,甚至一生思考和修炼的主题之一。他不仅检视当前,而且回顾过去,希望总结出规律。这反映他已经迈向更成熟、更深刻的一步。检视包括两方面,一方面,自己如何控制自己和自己的工作不要"超调";另一方面当这种"过火"冲击到自己的时候,如何接招、防范,使负面影响最小。值得深思,值得深思!

世界上的祸福,总不单行,"大跃进"加快了发展,"过头"又影响了生产,带来了经济状况的恶化,加之天灾,苏联撤援,持续三年的经济困难很快就登场了。那时,真有一夜之间到处一片萧条之感,所有的商店都没有吃的东西卖了,饭馆买饭也要交粮票。以前4～5角钱的一餐饭,那时已达5元。食品实行了配给制,每人一天半斤蔬菜,近一斤粮食,没有肉星,好在干群同苦,鼓舞了士气,稳定了局面。学校领导也深刻了解形势,根据环境制定政策,实行了按"热量"办事的策略,大大减少了学习和活动的负担。强调课程要少而精,内容减少,要求还要严格,基本上只有上午上课,晚上睡得很早。闲暇的时间教师们在宿舍玩起了麻将,以打发时间。"留得青山在,不怕没柴烧",学校的政策保住了大批教师的身体,抑制了肝炎的爆发。

华成解放后参加了不少政治运动，以前对一些激进分子，或者偏激分子，更多地理解他们的"仇恨"，也多觉得他们情有可原，甚至认为他们对运动作出了贡献，现在开始感到那不是贡献，而是危害。华成知道工作队以前称他们为"勇敢分子"，他这时想到一个词——"庸敢"分子，就是一些庸人，倒是什么都敢干。他们的不顾后果，净给工作惹麻烦。些微的成熟，使华成能站得高一点，客观一点，思考一些深层次的问题。用政治的观点，而不是简单的感情用事。虽然华成还是不想成为一名政治干部，但他也明白了技术干部也不能脱离政治观点。只有适应政治环境，技术才能发挥作用，才能实现"务本冲前把住舟"。

经历了这短短几月的运动，虽然华成没怎么更深地卷入，但他也成长了不少，可以说，由"自强不息"向"厚德载物"的深化；从只顾修己到"换位思考"的过渡，"不患人之不己知，患不知人也"；从群众到干部的转化；从好孩子到能人的转移，别人这种角色转化可能很快，华成却经历了漫长和反复的过程，也许这正是因为他过分的单纯，因为学习好，成长一帆风顺。好事中也有坏，坏事中也有好，从机械唯物论向辩证唯物论过渡，那才是真的提高。

> 激浪汹涌容易过，
> 难解思想细致活。
> 中断学研难恢复，
> 损失会比收获多。

第Ⅲ-4回　听话出活入干列
　　　　　　　初验厚德得业绩

　　由"反右"、"大跃进",到三年经济困难,华成一路跟了过来,其实他并没有多少自觉,也没有总结出什么经验。也许有些懵懵懂懂的感受,也是支离破碎的。这也和他自身的位置有关,他还是研究生,他做了许多工作,在他心中多少还认为这是学生在做社会工作。他还幻想着有朝一日再恢复那宁静的学习生活。也许是这种微妙的地位,使他和同事们没有利益冲突,更容易搞好关系,加之他也实干地做了些事,人们印象中他是个听话出活的好同事。在蒋南翔领导下的清华,"听话出活"是干部们一种受尊重的作风,是个褒义词,普通教师也愿意做到这些,从而得到赞许。听话出活似乎已成为清华教师的一种校风,华成的这种行为使他又一次得到机会。

　　在三年经济困难之后,开始了调整期,针对过去运动中的过激行为,党的政策是甄别平反。学校针对知识分子召开了"神仙会",让大家吐"瓜子"。有一个支部在运动中"拔白旗",伤了老知识分子,一时基层干部还转不过来,不认为自己有什么值得道歉的地方。上级组织决定调华成去做支部书记。当时学校实行的是党领导政,党委领导学校,总支领导系,支部领导教研室,支部书记和教研室主任就是最基层的干部,可谓"七品"芝麻官,但它已算入了干列,入列就要学习入列的规矩。华成本来就是个守规矩的孩子,遵守这些规矩应当说是没什么问题,但是入和不入就大不相同。例如,清华的干部听到的干部之间的事情,绝不容许给自己的家人透露,内外有别,家人就是外人了,这点确实是个很难养成的习惯。

尽管是芝麻官,但已能参加"三干"会了,就是校级、系级和教研室级一起参加的干部大会,全校大约有一百来人,这一百人就是清华的领军梯队。加入这支队伍后,就可到总支领个小工作笔记本,牛皮纸皮,白报纸瓤。华成一天到晚都把这个小小本本揣在兜里,大会记,总支扩大会记,教研室核心会也记。大小会都要记的习惯也要养成。就这样,华成沿着清华听话出活的途径慢慢地进入了蒋南翔的"不漏气的发动机"。华成的进入完全是潜移默化地,非常自然地,没有感到一点的不自由,反而有一些自豪感、安全感,好像有了个革命的大家庭,生活上、精神上都有了寄托。在这支队伍中他寻找着自己的榜样,或学习的对象。首先,他十分敬佩蒋南翔,蒋说话从来十分简练,重点突出,大会讲话从来没超过半小时,他引经据典都能恰到好处,华成尊敬他到了崇拜的地步。再就是总支书记,说话很有感召力,虽长不厌,听了还想听。还有几个总支委员,说话不多,但很有条理和逻辑性。华成每次参加全校干部会或总支会都觉得很新鲜,学到不少东西,像参加了一次难得的学习班或研讨会。当时的干部都把工作视为革命工作,不计时间,不计报酬,总支会总在星期天的晚上开,没有一个人认为这占了业余时间,也没人感到没意思。大家都把做组织工作当成最重要的事情,很看重自己工作的好坏,而把家庭、住房等放在价值观的低端。许多副校长、党委书记没有教授的工资高、房子大。高层干部和普通家庭同档,这使得他们和基层干部之间感情融洽。大教授、大干部也经常到青年教师的宿舍找人,安排工作,当时大家都没有电话。青年教师也经常探访学生宿舍。清华校内形成了平等、民主、自由、和谐的风气。在清华园内路遇领导或教授,都可以上前和他们攀谈几句,轻松交流。一天,华成在宿舍门口突遇张光斗教授到同宿舍找他的助手回来。张教授见到华成问:"大家都搞计算机,有饭吃吗?"华成被他问得不知所措,情急之中,不知轻重地话语脱口而出:"张先生,您说,大家都搞水利,有饭吃吗?"他也愕然,哈哈而去。

华成到新支部任职以后的第一项任务就是给老知识分子赔礼道歉。华成和一位总支副书记兼副系主任杨教授一起去,为了表示诚意,都是登门拜访。到这些知识分子家,华成发现他们都是十分明理的,也都没有死揪住往事不放或耿耿于怀。对于他们来讲,不用过多地给他们检讨,而更重要的是听,听他们讲过去,听他们讲现在,听他们讲心里话,他们最高兴的事,莫过于有人能听他们讲。华成就对他们说,以后无论遇到什么事,无论想说什么尽可找他,就像老朋友一样,他们非常高兴。后来他们想要找华成说事时,华成总是婉拒他们来找自己,而是自己照旧登门拜访。华成心想,年轻人在体力上总是要尊重老年人的,多跑路,多帮助做些杂事是应该的。很快华成不仅和他们建立了默契的工作关系,而且建立了感情和友情,也就是诚信的关系。

在自己业务所属的电子学教研室,华成首先严格要求自己,不去和老教师和其他教师抢重要的课,支持他们的研究和社会上的工作,充分肯定老教授在主编教材上的贡献,在稿费分配上,适当公平,参编者皆大欢喜。教研室的气氛大大改善,华成算是平滑地在教研室建立了威信。华成从小就愿意当没有权力但孩子们愿听他话的孩子头。现在他也愿意做尽量不用权力的领导,他要把这18个人的队伍带好。这时,上级开始调整党在业务工作中的位置,校党委仍然是领导校行政,而总支和支部不再领导系和教研室,而是起监督和保障作用。看起来党组织的权力削弱了,但要求没有一点降低。如果工作做不好,首先还是要追究党组织作用发挥得不好,也就是又有责任,又没有权力。华成由于赔礼道歉,和老教授与行政人员搞好了关系,已经搭起了良好的工作平台,不用纠缠于谁说了算的问题,所以这种过渡显得非常顺利。他成为学校党政关系搞得好的模范,受到领导的表扬,还在《新清华》校报上受到宣传表扬。这是华成入干后受到的第一次关于工作的肯定。华成自己也感到摸到点儿怎么做好工作的路子,他觉得要很好地体会清华校训的后半句话,要"厚德载物"。

由于工作有些成绩,有些体会,华成也不只是"听话出活"了,在工作中也会有自己的想法。他想,在革命战争时期,在外的军事将领和中央甚至毛主席在某个战役的打法上可能有不同的看法,他们都不是机械地听上级,而是积极发表意见,争取上级采纳。现在华成面前也出现了类似的情况。华成稳定了教研室的教学工作后,他把自己的工作放在了"啃硬骨头"上,捡起了已经4~5年没有最后结尾的"烂尾项目"——101数控系统,该系统1958年就实现原理成功,但这么多年后依然如此。华成选了两个最能干科研的青年教师周德和崔行,决心要把它搞稳定,达到投产水平。他们三人住进一机床厂工人宿舍,夜以继日地在车间实验和测试数控系统的稳定性,差不多运行几个小时后就要出一次差错,但要加工出一个防毒面具的模具,要求丝毫不差地运行13小时,经过观察、讨论、共同判断,华成下了决心"彻底翻修",把所有插件触点均改为双触点,把地线改成一块大平板,紧贴固定插件的底板,又提高了信号的幅度和滤除干扰的门槛。经过半年的努力,已经接近成功。这时学校开始了号召"下实验室"的运动,还提拔了在实验室工作30年的副教授为教授。系总支也想在此运动中走在学校前列,电子学教研室已有好的基础,较容易成为学校的典型,总支书记就找华成谈,希望他能走在前面,下实验室,但华成觉得,实验室已有青年教师主持,而且工作很负责,也受到了学校表扬。从工作需要上华成认为自己可以不必去,而现在的科研工作正处在关键节点,稍一松弛就可能前功尽弃。因此华成没同意去,对总支过多直接指挥基层具体工作、搞一刀切他也有点意见,这引得总支书记有些不高兴,但他还是勉强同意了华成继续抓科研。经过了一两个月的测试,系统达到了几十次的 13 小时不出差错,最后一个 13 小时加工出了一个防毒面具的阳模,全场欢呼:"我们成功了!"930 部队很高兴,决定订购几台。清华副校长高沂到厂和一机床厂副厂长叶选平谈投产,这是中国数控研究的第一个到底的实践。总支书记事后在总支会上说:"让薛抓科研,抓对了。"

华成似乎也成熟了一些。"听话出活"可以不只是简单的照搬,而应当是积极的完善。

听话出活是基础,
出活需要执行力。
听话不是死背书,
正能建议可创意。

第Ⅲ-5回　特殊年代得锻炼
　　　　　务本进取历人生

　　经济困难让人们头脑冷静,好好地抓了抓经济。经济得到了恢复,形势刚有所好转,人们头脑又开始发热,又折腾起来。全国掀起了社会主义教育运动,简称"四清"运动,即清政治、清经济、清思想、清组织。北京市领导决定要抽调大批的机关干部、工厂职工和学校师生组成工作队,下乡领导进行"四清",学校也把这项工作当成头等大事。

　　华成到电子学教研室刚刚打开了局面,人员已协调和谐,教学达到了稳定,获得了好评,科研也做出了成果。他正在策划事业起飞,开始有了一些专业发展的梦想,而现在形势大变,不得不放弃,他觉得十分可惜。如果让他平稳地搞下去,他已有信心很快能在数控方面达到世界先进水平。没办法,小道理要服从大道理,只好向组织表态,如果需要,自己愿意下乡"四清",心想自己还年轻,时间还长,搞完"四清"再回来搞专业吧。总支书记亲上阵,担任了一个公社的"四清"工作团的党委副书记、副团长,他选了华成担任了该团党委的委员,兼任政治处工作,政治处主要负责工作队自身的政治思想工作,并未直接参加一线的清理斗争,但也从检查工作的角度,介入了一些专案工作。整个一年的运动,华成全面地了解了党的整风类型的运动的全过程,从学习动员,理解精神,三干会,检查下楼,专案调查,落实政策,调整班子,到回归正常经济生产活动。这使他感觉到了矫枉过正,落实政策等活动的问题和对策。经过一年的锻炼,他看到所带领的 30 多位师生得到很大的锻炼和提高。原来年轻的十八九岁的学生,吃饭都不敢走进老乡家,现在在几百人的大会上讲话,面不改色,心不跳,思路清晰,口齿伶俐,声音威武豪壮,真是换了一个人。

　　一年的"四清"还没结束,"文化大革命"的前奏已经到来,学校的党和行政机构已经瘫痪。总支书记回校看了看,没找到领导,也没人理他,他就回到公社了,什么也不说。华成不了解学校的情况,担负起了领队回校的任务,师生们都很听他的指挥,平稳地回校了。如果华成真知道实情的话,也许他就不敢做了。有的工作队的学生了解了情况,在半路上就开始批斗老师。华成的汽车到校,脚一落地,马上就面对人情的冷漠,见到他的熟人,表情怪怪的,似理非理,默默地走了,华成只好自己提着行李回家。第二天一大早,华成到教研室报到,没人理他。开会,听了几个人发言后,他刚一说话,马上就被人打断,大声斥道:"你是什么人?""有什么资格说话!"要不是有了"四清"的经验,也许华成就会被吓得屁滚尿流了。从这个意义上说,华成像个老运动员了,他还能沉着应对。他被勒令到另一个房间去写检查。华成知道这"过正"的情况不会持久,他打定主意不乱说,也不乱顶撞,利用这个机会实事求是地思过,他深思了自己过去的老毛病,检查了自己的成名成家的思想和自高自大、瞧不起别人的毛病,小时总爱说别人"你真笨!",现在总觉别人"什么都不懂",总显自己高,自己能,总想自己成为大科学家;有个人考虑,不愿做政工干部,甚至官员,也有怕"四清"耽误时间的想法。由于华成写的都是真实的思想,大实话,也在情理中,当时的"革命群众"觉得对他也无刺可挑,认为他态度还算好,就把他放到一边了,但红卫兵们还要求他劳动改造。对于这些过火的行动,华成能够包容,还自我欣赏地想为"俯首甘为孺子牛",大有大人不记小人过的派头,也许是阿 Q 的自我安慰吧。

虽然经过"四清"的锻炼,华成成熟了一些,但他并未经过"文化大革命"这样复杂的运动,也不知如何应对,乱了手脚。他对党有深厚的感情,对知识分子和干部也情同感连,但他对群众的批判,常不随声附和,态度不好。在"文化大革命"中,华成经历了几上几下。由于"对运动抵触"下台,又由于忆苦思甜,艰苦工作出成绩,再次被任用。第一次下台,被送往江西鲤鱼洲清华干校劳动,他不怕苦不怕累,一年来总是干最重最苦的活,插秧是全连最快的三人之一,能扛200斤大米或两袋水泥上4米高的大堤,由于劳动的出色,他被选为连队党支部委员和五好战士,被第一批送返学校。第二次下台,由于他夜以继日地设计数控系统,又被任命为车间生产主任,车间在他的领导下,搞创新设计、流程改造,产出近十种高新产品,创出年产值400万元、利润200万元的业绩。第三次下台,被送到校外企业接受工人阶级再教育,他曾三天三夜没离主控室,调试出煤气管网远动系统,在"中国科学"期刊上发表文章,受到全国科技大会表扬。

"文化大革命"是社会矛盾的大暴露,也显示了各种人物的大表演。华成,作为一个红旗下长大的红根、红苗、红枝丫的年轻党员,基层干部,他究竟应当怎么做才是对的,有谁能告诉他呢?他最困惑的问题是如何区别对待"四人帮"铁杆追随者和单纯的群众,把对铁杆追随者的顶撞和对群众态度不好区分开来。在批判他的时候,有人问:"你是什么人?"他总是很自豪地回答:"共产党员"。这有错吗?他在入党时反复思考过,在敌人的拷问下能不能大义凛然、理直气壮地回答,现在他回答了,为什么还说自己对群众态度不好呢?他对知识分子干部中违背基本道理的乱上纲也十分不满。一次华成的一个上级,找华成谈话,说:"我没想到,你怎么堕落到这种地步?"答:"什么地步?"说:"成名成家到了鬼迷心窍的地步,竟然在图纸上签字!"答:"我是车间主任,是我要大家签字的,否则出了事我找谁去?"华成心想,一共十几张图,而且是发往车间加工的,两下子就搞得满脸油污,面目全非了,成什么名?成什么家呀?这样的干部对自己同志乱上纲,怎么糊涂到了这种地步?

华成自己总结了几条应对策略:(1)相信最终事态总是会回到正确的道路上的,因为大多数党员和自己一样是追求真理的,任何情况下均应对前途抱有信心。(2)务本进取,对自己完全有把握是对的事情,坚定地去做,在干校好好劳动,在车间好好干活、好好设计。(3)在合适时机,支持正确的领导,追随正确的领导。华成觉得,作为一个技术干部,没时间研究政治斗争,这样做也许是自己对人民做的最有意义的事情。

"四清"和"文革"均已过去了,华成希望,自耗能量的"布朗运动"能少点,人类应当快点走到"超导"或"反霍尔"效应的时代,让人们的努力不再做虚功,让我们国家能更顺利地发展。

　　　　　　布朗运动该停歇,
　　　　　　胡乱折腾别再揭。
　　　　　　保持平稳几十年,
　　　　　　民富国强期待接。

第Ⅲ-6回　干校改造绩难言
务本锻炼总有益

"文革"中后期，工宣队已进校，革委会已成立，毛主席也说了，大学还是要办的，尤其是理工科大学还要办，怎么办？谁也不知道，无奈，先进行知识分子的改造吧。清华这些知识分子着实难办，可爱又可"恨"。他们各有各才，可爱；又不那么听话，总好像是和工宣队不那么一条心，可"恨"。怎么改造呢？有人出了个主意，办一个干校，让知识分子下去劳动锻炼，完全在工宣队的控制之下，"四人帮"的干将迟群、谢静宜就觉得这个主意好。立即行动，就在江西鄱阳湖畔划了一块湖面，填湖造地，造了几千亩，给了清华和北大两校，办起了干校。

华成是典型的最值得改造的知识分子，出身好，党花了许多心血培养，有点"忘本"，还有点知识和能力，不那么盲目听话，自然地，就成了第一批的学员。这种干校究竟效果如何呢？着实难说。不久就有人从经济学的观点，认为这种干校花的成本太高，当地农民生产一斤大米，成本大约2角钱，这个干校平均下来差不多2元钱一斤，这些知识分子知道花了这么多钱，能培养他们的勤劳节俭的好思想吗？华成对这种人为制造的环境，去自找苦吃的理论，能否改造思想也有存疑，但他也知道在当时那种意识统治下，只可能选择的道路就是好好劳动。劳动是神圣的，好好劳动，能吃苦，在任何情况下都是对的。吃苦耐劳是劳动人民之本，"君子务本,本立而道生",本正根固,思想就容易进步。华成下定决心,要利用这段时间好好锻炼。

　　学员们每人一个背包,一个挎包,像解放军的标准装束,登上了由北京开往南昌的火车的硬板车厢,家人们在车窗外送行,心情五味杂陈,这一去何时能归?会不会就在那里安家落户,是不是要一辈子做个农户?那里到底苦到什么程度?谁也说不清楚。华成却没有那么伤感,他不相信前面将是自己从来没过过的苦日子。

　　到了南昌,待了一晚,吃了最后一顿城市的饭菜,第二天一早就上了汽车,经过三十里路的颠簸,到了农场。汽车路就修在大堤上,实际上大堤的宽度一般就只能单车通过,过几百米有一处宽点的路面,勉强可通过两辆车,就在那里错车。好在这里车很少,也很少产生堵车问题。大堤全是由土堆成的,有四米多高,在水的那面,铺上了一层石板或水泥板。在填出的土地这边,就是斜的土坡,上面种上了一层草皮。清华干校学员有七八百人,分成了7个连队,6个连队的驻地都是沿着大堤的内坡下排开,只有华成所在的连队,第四连,处于内陆的中心地带,不挨水面。挨着大堤的驻地,风景较好,登在大堤上,一望无际的辽阔湖面,给人以心旷神怡的感觉。才去那天,华成他们在湖边的校本部吃饭,天气实在太热,许多人干脆就待在湖水里吃饭了,整个身子都泡在水里,只留头在水面上吃饭。水,显得十分干净,看上去清澈透明。可当时还没人知道,水里有血吸虫,一旦钻入人体一定数量,潜伏人体一段时间后就会发作。

　　没过多久,华成被安排去了内陆驻地。当华成他们走到自己的内陆连队时,才知道,这个连队是生活条件最差的连队。只有两排草房,草房全是用竹子和稻草搭成,竹子搭架,稻草帘子盖顶,没有一点水泥和砖头,走进屋里,全是泥土地,还湿漉漉的,甚至可以挤出水。下雨的时候顶棚还漏水,就在床的位置,放上一块塑料布把水引到床外。一间茅屋只有约

12平方米,门在一边,另一边就是一个大通地铺,所谓的"床",就是在地上铺上了约20～30厘米厚的稻草。在这些稻草上铺一块大塑料布,就形成一个大通铺,在其上并排的,要睡上10个人,一个挨一个。华成他们到农场时,适逢初夏,蚊子已经猖獗起来。鲤鱼洲的蚊子不可小视,不怕死。当它落地时,尾巴翘得高高的,当它直接冲向人肉时,就像一架自杀式飞机,一落就戳进肉里,所以,上厕所大便时,屁股上总会被蜇出几个包。为了防蚊,全年睡觉都要挂上帐子。但在初到农场之际,一屋七八个人只有华成一人带了蚊帐。大家就把蚊帐挂在中间,8个头伸到里面,脚向四周辐射,盖上床单,这样至少开始时,头不会被蚊子咬,耳朵听不见蚊子叫。但只要有人翻身,让蚊帐露出缝,蚊子就会钻进,喝得肚子饱饱的。虽然华成过去吃过许多苦,但这次他相信了,这里有比他过去经历的更苦的项目了,相信其他的同学一定会比他感觉更甚。

再说这连队的水,是挖的地下水,含有极高的铁质,表面看上去就是红红的颜色,漱口杯用不长时间,里面的杯壁就被染上红色,毛巾用不多久,也染成红色,变得僵硬,在现在看来,这肯定是4～5级污染的水,学员们喝的也是这种水。为了解决学员们的洗澡问题,就在连队大院的一边,挖了一个近1米深的方坑。由于这里的地平面已低于湖面,所以地下水位很高,挖不了多深就见水了。这些水是湖水渗过来的,要比地下水看起来干净点,但由于是土池子盛水,很快就被土搞浑了,实际上就是用泥水洗澡,把汗水洗掉了,又沾上了一层泥土。在这个方坑的周围围上塑料布,男的洗完了,女的再洗,有规定时间,还有人站岗。

干校的劳动强度也是很大的,遇上插秧,早上天刚亮就开始劳作,也就是7点到11点,中午吃饭,休息,实在太热,太阳太毒,下午3点才开始工作,到傍晚7点收工,每天要干足足8小时。劳动强度很大,条件也很差,稻田是生地,没开发成熟,里面有很多贝壳,很容易划伤脚,划破了用胶布一贴,照常下地,还有蚂蟥钻肉。每人一天要扦秧 1～2 亩,或割麦子 1 亩,挑担子 100～200 斤。一天下来,人感到似乎要散架了,一躺下就睡着了。这样大的强度也体现在饭量上,华成早中晚三餐,每餐都吃 6 两,好在干校的伙食可以让人尽饱吃。

一个傍晚,劳动了一天,大家都十分累了,天气又阴沉沉的,在回营路上,有人触景生情,顺嘴念出一首诗:

枯藤老树昏鸦,

小桥流水人家,

古道西风瘦马。

夕阳西下,

断肠人在天涯。

此景,此情,此人,也可说配合得默契,很形象,华成欣赏这些"小资"们的才华,虽感到格调有点低沉,但也不认为是问题。而工宣队得知后,立即在全连大会上批判了这种思想,认为这是诋毁劳动锻炼的言论,是最值得改造的思想,从此不再有人随便说话了。

才到农场时,每顿都是大米饭,配咸菜,没蔬菜,更没肉。好在南方的天气很宜于蔬菜的生长,种下的菜籽,不到一周,就可以摘下来吃了,而且非常新鲜可口,比城里菜市场买的强多了。学员们在种菜的过程中看到生命的力量,激活了热爱大自然的情绪,增强了克服困难的意志。加之在这辽阔的田野,美丽的湖畔,空气新鲜,学员的身体状况不仅没有恶化,反而大多数人都变好了,强壮了。过去的上海小姐,现在的大学青年教师,一顿饭也能吃 4 两,挑担子也能挑 120 斤,四五十岁的男老师,一般都能扛挑 180 斤。华成自己咬牙锻炼,能扛两袋 50 公斤的水泥,或一袋 200 斤的大米,上 4 米高的大堤,再下到船舱里,摆好。他割稻一天能割一亩,插秧一天能插两亩。他真感到人的潜能是很大的。开始时,他也感到插秧又枯燥,又累。后来他钻研起了插秧技术,引起了极大的兴趣,沉醉于成功的乐趣中,也就不感觉累了。他用工业工程中动作与时耗的研究原理,研究插秧的动作。他发现插秧过程中有很多多余或不协调的动作,如果协调了,把串行变成并行的,则可大大地提高速度。正确的姿势是,左手抓秧,右手扦秧,左右两手均擦着水面左右滑动,边滑左手边分出 5~6 棵秧,当滑到该插的位置时,右手大拇指就把分出的秧按下。人体的左右宽度,一般宜于插 6 束秧,由左至右插了 6 束后,第二排就由右向左插,减少回头空程。以插秧动作作为关键动作,其他的动作,如脚后退,身左右晃,力争并行,不延误关键动作时间。这样就能接近做到时间最短。华成遵循这个原理,不断练习,不久进度便大大提高,加之调节呼吸节奏,使疲劳程度得以降低。他这个身体不很壮的人,成为全连插秧最快的前三名。工宣队对他惊奇,学员们很佩服他。正是由于劳动好,不久他被评为"五好战士",又做了支部委员、副指导员。他做干部不是靠的趋附,在价值观上还是与激进的观点和做法有差别。他建议工宣队不要动不动就说知识分子这不行,那不行,要尊重他们的想法。不要说知识分子三脱离,稻子和稗子不分,把他们和农民对立起来,那农民还分不清二极管和三极管呢。工宣队也觉得华成虽然劳动好,但感情上似和工农有差别,也想找机会帮他提高提高。

不久以后,连队的条件大大改善。一天,改善伙食,学员们自己杀了一头猪,高高兴兴地美餐一顿。几个月没见肉星,肚子也少油水了,好香呀!过去不吃肥肉的主,也都大开吃戒了。轮到华成打饭华成告诉打饭工不要肥肉,打饭工开玩笑地说:"怎么这么娇气,现在还不吃肥肉。"他没理会华成,照样给打了一大勺肥肉。没想到华成刚想说话,却哽咽地流下了眼泪。众人不解,赶紧安慰。后来华成在小组会上才说出了缘由。他讲述了自己苦难的童年,他从 3 岁父亲去世后,到 11 岁投靠亲戚家前,几乎没吃什么肉,因而一闻肥肉味,就会恶心。那天自己是一想到苦难的童年就流泪了,打扰大家了。华成表示自己决不应忘本,要好好锻炼,树立安家落户的思想,扎根于鲤鱼洲,扎根于劳动人民中。华成的忆苦感动了大家,大家和他更亲近了。工宣队似乎对他的态度也有所改变。

　　一年快过去了,鲤鱼洲的清华教工个个晒得黝黑,他们经常不注意穿着,衣衫褴褛,尤其是那个雨衣,塑料受冻就容易裂,裂的大口子就用医用胶布贴上,有一次一部分学员到南昌去搬东西,走在路上,市民们说他们是劳改队的,远远地离开他们,到底是经过了一年的锻炼,感情也粗糙了点,他们也都没在意。工宣队也说,鲤鱼洲的知识分子不可小视。学校这时要轮换一批人,每个连队回校10人,来10个新人。经过群众讨论,华成被列为"改造好了"的名单,被送回学校。

　　三年后,由于许多人感染了血吸虫病,周总理特别关心知识分子的身体,中央决定停办鲤鱼洲干校,全部人员撤回。

　　　　　　　　人生坎坷多,
　　　　　　　　福祸难辨说。
　　　　　　　　正对祸变福,
　　　　　　　　负对福变祸!

第Ⅲ-7回　生产创新业绩高
　　　　　　受冤挨批心不解

　　华成回校不久,"文革"已到了后期,革命看样子有点革不下去了,尤其是基本群众,也不能老是政治学习。在鲤鱼洲干校时就发生一些怪现象,不关心政治的人反而强烈要求政治学习,因为可以不去劳动了,只需坐而论道,就可照拿工资。学校想恢复教学,准备招收工农兵学员,但具体做法未定,就先搞生产吧,反正"教育与生产劳动相结合"是没错的,这对于工科院校来说,正是得心应手,清华就开始了大搞生产的运动。

　　华成被调去担任自动化装置车间的生产主任。这个车间是个独立车间,没有上级下达生产计划、制定经营策略,也没有经费投入,只是职工的工资、设备使用费、水电费用由学校承担,生产费用由车间和用户签订合同,用户预付。车间由十几位教师和一些职工组成,总共近100人。这些教师原来均研发了一些小产品,他们带着产品加入车间。车间有近10种产品,如数控系统、煤气程序控制器、逆变器、感应同步器等。车间所有利润全部上缴给学校。

　　华成接手这个车间时,车间就是一个个独立的研发小组,一盘散沙般的联合体。华成首先进行了组织的整合,按工序过程划分组织,成立了插件组、总装组、调试组、设计组等班组,进而制定了各工序的定额。在进行这种变革时,就会触犯一部分人的利益,就要产生矛盾,表现最突出的在插件组。插件组是一些初中毕业一两年的小女工,她们有点好玩,不愿紧张地工作。华成规定她们焊一块插件板的定额时间为2天,她们就闹着说不行,要求4天。尽管华成多次给她们做工作,仍无任何进展。她们要求华成自己干干看,她们以为华成是肩不能挑、手不能提的文弱书生。哪知华成是个争强好胜的"汉子",爽快答应自己干,而且对她们说:"如果两天做不完,就答应你们4天的定额;如果干完了,你们就应当接受2天的定额。"女工们同意了,华成给她们安排了其他工作,自己坐在她们的班组,开始了焊接。华成专心致志焊接,不理会任何干扰。即使对这样一项简单的工作,华成也先想好操作顺序,尽量把相同的操作放到一起。插件焊接,在当时的工艺水平就是把双面印刷板两面的线路通过穿孔将它们用导线连起来。这些小女工针对一个孔,先拿一段导线,剥皮、线头镀锡、穿板、焊一面线头、将板翻过来剪断导线、再将导线头焊上,这算完成了一个孔的焊接。第二个孔的做法完全重复。穿孔连接焊完以后,再焊上几个组件,一个插件就算完工了。华成不这样做,他从总体思考,把剥线皮一起做完,一起镀锡,把长长的线剪成寸长,把每一个短线头上弯一段3毫米的弯头,成直角,然后将线一起插入孔中,先把一面全焊上,再把板翻过来,剪断线头,留3毫米长,弯,焊。同样的工作一起做就大大提高了效率,华成一天就把一块插件板焊完了。他对小女工们说:"我一天焊完了,我承认我焊得不如你们美观,不如你们心灵手巧,但我保证没有虚焊,如果你们查出一个虚焊点,我承认你们的4天定额,如果查不出一个虚焊,你们就得接受2天的定额。"

在这样的现实面前,女工们只能接受了定额。在这个基础上,华成又进行了革新。他让图钉厂做了一批小钉子,5毫米长,全部镀好银,这样就不用镀锡了。在焊接时,先将一面的钉子全插上,由于有帽,掉不下去,焊上,翻过来,将钉子稍压弯一下,剪短,然后全焊上。这样做,快的话只要半天即可完成一个插件的焊接。

　　焊接组的定额下达了,其他组也陆续地落实了定额,原来说一年都完不成的任务,现在三个季度就可顺利完成。车间在华成的带领下业绩不断攀升。一年完成了产值 400 万元,利润达 200 万元,创造了惊人的业绩。产品的质量也在不断地提高。

　　成绩的背后有着华成忘我的劳动和负责的精神。华成经常白天和工人们一起上班,晚上开夜车搞设计,或做电子线路的实验。由于妻子下厂搞技术革新,他要自己带孩子,下班时从托儿所接孩子回家,吃了饭,就骑车带着孩子到车间加班,晚了,就把图板放在地上,让孩子先睡在上面,等华成工作到午夜一两点,就用棉衣将孩子包裹着放在自行车上,骑车回家。进屋后,将孩子放到床上,他便继续睡下去。这么艰苦的生活,华成并未感到很苦,他总认为这是暂时的,总想着以后会有更好的生活。

　　出人意料的是,他这一片对党的赤子之心,一片知识分子的忠诚,不仅没有得到赞扬,反而惹来了麻烦。一天,系革委会主任找到华成。他原来是华成的老领导,也是清华学生,"四清"中和华成在一个公社,同为"四清"工作党委委员,彼此均有关照,也十分熟悉。他也是以老战友的口吻对华成说:

　　"华成同志,我没想到你堕落到这种地步!"

　　华成一下就懵了,支吾了一下,鼓足了勇气,才说:"张先生我不明白怎么啦。"这是一种客气但显然推远了距离的称呼,不像当时党内喜欢的某某同志的叫法。

　　"你自己做的事,你自己还不明白吗?"他似乎有点生气,接着说,"你成名成家的思想怎么到了鬼迷心窍的地步?你怎么竟然在图纸上签字!"

　　华成一下子轻松了。他怀着又是不解,又是解释的口吻说:"是我要求设计人员在设计的图纸上签字的,否则以后加工中发现问题都不知是谁的责任。他们不敢签字,我就带头签了,怎么了,这有什么错吗?"华成停顿了一下,望了望他,接着说:"一共才十几张图,都是发给车间加工的,发下去就搞得油污满面,这能成什么名,成什么家啊!"

也难怪张先生这样认为,当时为了防止知识分子的个人主义,强调集体主义,所有的科研成果、发表文章,都不署个人姓名,署的都是××研究组等,但工厂图纸从未这样做。张先生胆小怕事,心想不签就不签,有什么关系,你干吗要坚持,惹来这么多群众意见。但华成仍然认为自己没错,心里仍然愤愤不平。

这件事后,华成对一些知识分子出身的干部有点看法,认为他们动辄对知识分子"上纲",跟着工宣队顺竿爬,"墙头芦苇头重脚轻根底浅"。

也许是华成没有顺竿爬,也许华成不知趋炎附势,尽管业绩可圈可点,也说不上有什么错误,不久华成就因"工作需要"被调回热工自动化教研室去开门办学了,后来他还担任了教研室副主任。他遵守当时倡导的"革命战士一块砖,哪里需要哪里搬"的理念,毫无怨言地服从了,而且在新的岗位上也做出了成绩。

没过多久,车间的教师大批调回教研室,车间生产每况愈下,最后基本上不出产品了。华成十分惋惜,当时他们的数控系统已接近世界先进水平,他已有更复杂的计算机数控(CNC)的概念构思,如果顺势发展,当年他就可能做到"王选式"的企业。然而,现实是没有"如果"的,华成调走,车间下马。得失如何,有谁负责?

忠心勤奋创业绩,
受冤被批遭调离。
天下无事自折腾,
宁静致远何以期。

第Ⅲ-8回　信息革命概念生
　　　　　公开演讲惹担忧

　　1976年以后,华成参加了好几个自动化项目的研制,如数控系统、北京市煤气管网远动系统、东黄输油管线遥控系统等,他如饥似渴地学习了新的信息技术,主要是微机技术。他看到微机将会有广阔的应用前景,一边自学,一边就进行推广和普及教育工作,甚至在北京展览馆做过大报告,这时的华成更多地还是技术型的。逐渐地在技术应用中他越来越感到管理的重要性,他萌生了一个概念,想将计算机用于管理,适逢清华准备恢复管理教育,有人在筹划,他征询是否需要这方面的专业,得到积极的回答,于是华成就转到了新成立的经济管理系,作为经济管理数学和计算机应用教研室的带头人。从此,华成开始学习和研究信息方面的知识。

　　1983年,中国改革开放的大旗已经高举,全国掀起了轰轰烈烈的学习运动,学习国外的科学技术,学习国际的企业管理。一时间,各种会议相继举行,各种学习班蜂拥开办。全国成立了企业管理协会(简称企协),专门负责组织学习国外的企业管理知识和总结介绍我国的企业管理经验。企协的主席是袁葆华,秘书长是清华的校友潘承烈。一天,潘打电话给华成,希望他给企协的一个全国企业家会议作一个关于信息管理发展方面的报告。华成是这方面专业教研室的负责人,可以说是信息管理学科方向的学术带头人,这个论题正是他研究学习的领域,他欣然答应,更为社会已开始重视信息管理而兴奋。但是他感觉这个问题很前沿,有些提法和观点很敏感,拿不准,因而要求这是个内部的研讨,不要记录、不要录音、会后不要逐句传达。潘欣然承诺。华成就准备了一个发言,题目定为《信息革命及其对管理现代化的影响》。

报告介绍了信息爆炸性的增长,劳动力大量向信息工作转移,没有计算机管理就没有管理现代化,以及建设和管理信息系统是一项系统性的工作,要有系统的目标、系统的队伍和组织、系统的方法和步骤才能建好、用好信息系统。演讲引起了听众的轰动,大家感到很新鲜,非常感兴趣。也有一些反面观点。

"大家都做信息工作,有饭吃吗?"

"谁生产工业品和家用品,用什么呀?"

"吃饭问题都没解决,谈什么都做白领工作,太早了点吧?"

但是,一些敏感的媒体悟出了论点的价值,会后,包括企协主办的《企业管理》等三个期刊(未经本人同意)全文刊登了这篇发言。尽管这个话题在管理层内部已有议论,但正式发表、见诸报刊的关于信息革命的文章,这是全国最早的。

见刊后,几天以来,华成处于极度的忐忑不安之中。他想,自己是不是"冒尖"了。不谈内容,只是一稿三投,声誉就在学界受到很大的损伤,尽管当时法律上并不追究这些问题;再看内容,现在说的是"帝国主义没落,无产阶级革命的时代",你提出了信息革命,这不是把革命引向岔路,干扰领导吗?他一直等待着会有什么事情发生。果不其然,一个多月后,华成接到了一个神奇的电话通知。国家计委的副主任张寿给他发通知,要求他去北京饭店开会。由国家计委的副主任直接通知一个清华的教师去开会,这在清华也不多见。尽管他不知道会议的内容是什么,但他已不愿再蹚这个浑水了。他佯称自己实在太忙,没时间参会。他还描述了自己的"惨状",现在在调试一个自动化系统,曾三天三夜没睡,72小时没离开主控室,下班就在公共汽车上吐了,既说忙,又以悲情诉饶,目的就是企图逃避开会。没想到校长办公室再次来电说:"你再忙也要分个主次、轻重,你那点事能和这个会相比吗?这个会不是什么人都能去的,邀请学校的人参加这种会是学校的荣幸。你一定得去。"华成心想,张寿离我们较远,没有什么"得罪"的问题,校长办公室可是顶头上司,惹不起,得罪了可就没好受的了,"恭敬不如从命",就答应了去开会。

当时的北京饭店,可称得上是北京最豪华的饭店了。华成在清华虽已二十多年,也去过许多地方,但大多数是工厂或部门机关,没见过什么豪华的地方,来到这里犹如刘姥姥进了大观园,什么都觉得新鲜。厚厚软软、洁净无比的地毯,他真不忍心踩上去,是不是应当脱鞋上去呢?看着别人均未脱,也只好小心翼翼地踏上,步子大点,少弄脏点地方;进屋再看那个沙发床,一躺就陷下去,人马上就放松了,这可能做个好梦了;走到窗前,看见东长安街上,车水马龙,奇怪,怎么听不见一点声音,原来这就是真空夹层的隔音玻璃。这个感觉在他脑海里刻下了深刻的印记,他又来回拨弄研究了半天,心想有朝一日,自己一定要搞个双层窗,能有个安静的环境,能在屋里好好地睡觉、学习、写书。这个并不算高的要求成了他一辈子的梦想。还有那卫生间的水龙头、面盆、浴缸都让他好好开了一次眼界。是的,来参加这个会,见识了,值。

第二天开会,张寿主任说:"我们今天邀请大家来,是希望和大家共同讨论一个问题,就是当前新的技术革命的形势和我们的对策。希望大家畅所欲言,献言献智。"一听此言,华成敏感的脑袋就平静了许多,他感到了虽然上面还没有肯定信息革命的提法,但已提出了"新的技术革命",这已是同一范畴的名词,肯定不会再揪"信息革命"的提法了。参加这次会议的一共只有 12 位专家,连华成在内只有三位教授,一位清华的,一位人大的,还有一位南方来的,其他的均为机械、电子、邮电等部的副部长或总工程师,均为技术出身的专家型人物。那个时代,人们经过几十年生活在计划经济的社会环境中,习惯于按上级的规定办事,对于"对策"很少有想法,所以整个会议研讨"对策"的气氛可以说淡薄。很多人的发言更像个计划平衡会,大家争经费、争资源。这个说你给我们部的经费太少了;那个说你给我们批的原材料总不能按时到货,我们怎么能按时完成任务……华成提出的放开微机进口的建议,没有得到响应,不了了之。但这个会却对华成起了很大的启蒙作用,奠定了他坚持研究信息革命、信息经济、信息管理的基础。他对张寿的高瞻远瞩也十分敬佩。对他来讲,这个会,参加得值。

从那次会后,华成开始了从宏观上研究信息问题的漫长征程,不断地接触新的概念、新的问题,不断地综合国内外的新观点和新见解。例如,没有计算机管理就没有管理现代化;管理信息系统是个社会-技术系统;50％以上的 GDP 来自信息产业,50％以上的人从事信息工作才算是信息社会;信息内容的产品才算是信息产品;信息经济的经营特点是"信息掠夺";迎接信息社会的到来需要一大批信息工作的领军人才;对我国干部来讲最缺的是信息意识和信息觉悟;管理信息系统是先进生产力和科学发展观;不在自己的工作中落实管理信息系统就不是真正地遵从科学发展观;人类将由农业经济,经过工业经济、信息经济、知识经济,到艺术经济,由物质经济转向精神经济。到共产主义时,生产力高度发达,物质极大丰富,劳动不再是谋生的手段,而是人生的第一需要,兴趣将是劳动的第一动力,所有的劳动都是创新,都是艺术……这些都是后来华成在不同的阶段研究建立起的观点。

华成坚信共产主义是信息经济的归宿,在共产主义社会中人们的大多数时间是生活在虚拟空间中,他在坚持着,学习着,奋斗着。

> 信息号角声声响,
> 催促人们奋向上。
> 自然规律人难挡,
> 几家欢乐几家伤。

第Ⅲ-9回　树挪死，人挪活
　　　　　死活要靠自把握

　　信息革命的演讲，美国专业的借鉴，以及根据自己多年实践的经验，华成确立了自己下半生的专业方向，他想自己作好规划，不要虚度自己的后半生。

　　作为中国信息管理专业的带头人之一，华成想尽一切办法宣传信息革命，宣传信息管理的重要性，创建信息管理专业，将此作为今生的己任。任何事情总有两面，好的和坏的。好的一面，有的领导一点就明，积极支持。例如朱镕基同志，他很快明白了信息的重要性，积极支持信息学科的发展，推进国家经济委员会的信息系统规划，他让华成参编他主编的《管理现代化》一书，该书后被中组部和中宣部定为党校和行政管理学院的必读教材。还有，清华的党委书记林克同志到系调研时说，管理学院最好办的本科专业是会计专业和管理信息系统专业。这些均对华成的愿望给予了关键性的支持。另一面，确实，有的领导和教师不支持，有的是偏见，有的是利益矛盾，有的则是无作为或乱作为。对于有偏见者，就要想法消除；对于利益矛盾者，就需要去化解；对于无作为，甚至乱作为者，就要斗争。要想做成一件事，不斗，怕争，那是天上掉馅饼。例如，有位副院长，名解仁，解放后曾做过党委办公室主任、校长办公室主任、保卫部长、武装部长，自认为做了行政工作就是懂管理了，以这种观念指挥学术。有一次在给入学新生进行专业介绍的会上,他说:"清华是要培养大干部的,不是培养小技术的。清华毛毛虫,出去一条龙。清华的本科生,毕业出去当个县太爷还嫌小呢。"学生听不懂,发愣。华成实在看不下去了,就补充道,"你们别以为自己有什么了不起,你们先得学点技术,学点吃饭的本领,然后做得好,才能上去。"这话得罪了解副院长,从此他和华成有了隔阂,多次对华成兜售他的培养大干部的理念,甚至施压说,管理信息系统的培养方向错了,还在其他工作上使绊。华成忍无可忍,对他说自己坚信管理信息系统的方向没错,如果你说你要培养大干部,那我可以去别的地方去培养管理信息系统人才。华成询问了林克同志,可否去复旦,林当时已调任复旦大学党委书记,给了华成肯定的答复。华成又得到将任复旦管理学院院长的郑绍濂教授的热烈欢迎,他基本上决定要去了。听到风声,朱镕基在全院大会上说,我院在初创,绝不放走任何一个人才。解副院长也想挽回点局面,就找华成谈,说,"听说你想调走,上哪里去呀?北大?中央财大?北京工业大学?还是北京机械学院?"

华成说:"都不是。"

"那是什么地方?哪有清华这样好的条件,工作条件好,生活方便,除了火葬场外,什么全有,再说你的房子也有了,小孩上学问题也解决了,哪里找清华这样的条件?"

"都有,都有。"他感而不解,他不知道复旦确实什么都有。

不久,复旦的商调函来了。清华时任党委书记李传信找华成谈,说:"干吗要走呀?以后我们还要重用你呀,你要是对我们什么人有意见,我们不会放过的,我们会去解决的。"

"不是,不是,我是想找个合适的地方尽快在学术上做出点成果,不要浪费自己的生命了。"

传信同志说,要是人才交流,我们还是可以同意的,林克同志也是我们的老领导嘛,他才去复旦,我们也应支持他呀。

"绝对是人才交流,绝对是人才交流。"华成迫不及待地解释说。

华成到复旦后,传信同志到复旦访问,林克同志招待他吃饭,多次找华成作陪。后来听说传信同志本可申请晋升教授,他却说既然自己已做了党委书记,不做学术工作了,就把机会让给别人吧,华成很敬佩他的高风亮节,也深感清华好的基因才是清华的主流,自己到复旦也应继续保持清华的优良传统。华成一直和清华保持良好关系,他还和经管学院建立了互相推荐研究生的计划。半年以后,听说解副院长和另一个系主任吵架,党委决定经管院领导班子进行调整,解不再担任副院长职务。后来,解病了,华成本想去看他,因相距遥远,未能实现,半年后,解过世,华成甚感遗憾。"君子和而不同",工作意见上有分歧,绝不应感情上对立,终究还是同志嘛。

不支持信息管理(信管)专业的绝不只是个别的几个人,而是一股势力,是保守势力还是利益矛盾势力不得而知,表面上都是以学术面目出现。例如,计算机系和自动化系很多人就反对,他们认为信管专业所做的事他们都能做,其实不然,真实的情况是有了信管人才,能帮助企业规划,企业能上更多的项目,信息技术人才才有更多的事做,这才是共赢,这才是当前信息经济下的思维规则。本院有几位教管理的教师也反对,不知其因,有人解读为他们怕学生学了很多数理和计算机知识后,自己不懂,难教了,真是怪理歪理。要去转变他们的思想,要去说通他们这也是一种斗争,只有斗争才能开路。

复旦管院院长郑绍濂教授,目光远大,心胸开阔,知识渊博,见识广泛,为人谦和。他曾任国家教委科技司司长,有良好的行政工作经验。他为支持华成调到复旦,费了最大的心思,尽了最大的努力。当时要到上海入户,每人要交两万元城市建设费,当时副教授的工资是100元左右,这可是个大数目,华成一家四口就要交 8 万,一家人不吃不喝要积累 30 年才能还完。郑下决心由学院偿还,根本没告诉华成,华成后来知道后说,早知道就不来了,因为自感不值那么多。郑还很会发挥人的作用,由于学院初办,本科生教学任务尚未上来,教师除备课外尚有余力,可以积极开展科研。郑了解到华成搞过国家经委信息系统规划,就给华成联系了国家教委信息系统规划任务。华成领着三位教师在北京工作了一年,受到了好评,记入了科技成果公报。郑知道华成是管理信息系统教育的倡导者,他就给复旦联系了培训全国 MIS(managment of information system,管理信息系统)师资的任务,该培训班利用世界银行贷款,请国外顶级教授来华,用贷款支付国外水平的工资。培训班每年一期,每期 30 人,持续 4 年,培养的百余名教师现多为各校的 MIS 领军人物,有的还成为院校的领导,他们称培训班是中国 MIS 的黄埔军校。郑还有远大的理想,他想把复旦管理学院办成全国顶尖、亚洲前列、世界著名的学院。他也看到华成的不足,主动给华成联系了访美的邀请,由美方提供资助。华成在美访问,善于学习美国的长处,舍弃美国的劣处,扩大了自己的国际视野,建立了国际联系,成为世界最大的信息系统学会的中国联络员,以后多次率中国代表团参加该会。华成感谢党的培养,感谢林克、郑绍濂同志的关怀。他同样抱着"吃水不忘挖井人","翻身不忘共产党"的心情,按时回国。

　　郑院长亲往机场迎接,华成异常感动,决心为中国 MIS 的发展作出贡献。但郑的思考却是更远。当时出国培养确实给国内引入了许多先进思想和先进技术,对中国的发展真有实实在在的好处。但也有一些外派未归,引起质疑,有人反对派遣,有人又正面肯定,院里有流言说郑院长的"洋务政策"失败了。小平同志是持开放的态度,郑也是正面的理解,华成的归来对他的政策也是个积极的支持,从执行政策到个人感情都使华成对郑院长非常敬佩。"君使臣以礼,臣事君以忠",好的领导应当会调动下级的积极性,华成也学到了一些做领导的规矩。

以后的十年是华成事业的收获期,他所写的教材被评为全国优秀教材,他进行了 10 项自然科学基金、863 基金和国家教委基金的研究,写出了近百篇论文,被评为"全国粮票"的博士生指导教师,连续两届被聘为管理工程教学指导委员会委员,以及 863 专题专家组专家,被国务院给予"有突出贡献"的政府津贴。他在信息革命、信息系统规划与建设、决策支持系统以及国际交流和两岸交流上均做了许多有意义的工作。他的事迹也已被编入《20 世纪中国知名科学家学术成就概览》管理卷。

华成高兴地看到他离开清华以后,清华的老师们继续坚持,经过一段波折,把信息管理专业办得比复旦还好。他期望 MIS 专业能健康地成长,把中国的信息化事业推向前进。

计划市场两结合,
不能无人来负责。
人事安排要科学,
挪死挪活自把握。

第Ⅲ-10回　留学难成终成行
　　　　　　信守承诺按时归

　　华成本命苦,好事总多磨。大学时两次留苏选拔,因身体原因,因海外关系,均未被选中。好在他没有气馁,坚持务本进取,一直身处学术前沿,仍在留学梯队。改革开放以后,留苏的热潮变成了留美热潮,一拨拨访美去归,在清华,像华成这档的教师几乎已排尽,也该轮到他了。学校安排学习外语,华成此时已过不惑之年,这才发现记忆力大不如前,但自己仍坚持强记,一小时紧张学习后,就感到胸闷头晕,就要放松一下,外出走走,吸点新鲜空气。自己还想像以前那样,经过短暂的追赶以后,考试成绩定会名列前茅,可是,总是欲速而不达。经过几次考试,总未达标,留美也难成行。两三年后,勉强达到高级访问学者的水平,但时机已过,就想以后再去考察考察吧。

　　那个年代,国内的工资水平和美国的差距很大,国内副教授的工资才七八十元人民币,赴美访问,国内公派每月发 500 美元,汇率是 1∶8,就合 4000 元人民币,相差 50 倍,真是天壤之别。这种引诱,让许多清华公派的留学人员逾期不归,甚至打算永留他国,更有甚者,出现一些违法违规的现象。一个研究生被选中参加一个出国开会的代表团,他负责代表团的后勤工作,拿着 3 万多美元的经费,竟然在美国落地后不告而别,跑到一个学校念书去了,搞得几位教授困于美国,等待汇款才得以解脱。尽管这位学生后来学成很想归国,但国内仍主张按规定办理,应接受刑事处理,至今只能滞美。华成到复旦后,复旦也是如此,也有很多人出国不归,许多教师议论说,郑院长的"洋务政策"失败了。可郑绍濂院长不为暂时的舆论所左右,坚持贯彻邓小平思想,相信大多数教师仍然是爱国的,是愿意报国的。他顶着舆论,给华成联系了一个高访的机会,由美方提供资助,每月 800 美元,历时一年,华成就在这留学高潮衰退的时期赶上了个尾巴。史景兴副院长、苏东水教授对此均表示支持,华成万分感激,表示一定要好好学习,好好表现,按时回国,不辜负领导和大家的期望,不给复旦丢人。

经过了漫长复杂的审批手续和相关培训,总算熬到了等待出国签证和买机票的时刻。手续一切顺利,华成终于登上了国航从上海到旧金山的飞机。

18 个小时的旅程,华成到了旧金山,他自己拖着行李过关,看见警察拉着大狗闻来闻去,很不习惯,奇怪,这么文明的国家还这样?又看到机场内的商店,货品丰富,琳琅满目,与国内的境况大不相同。过关后,再次把行李交给原航空公司,又登上飞机,飞往纽约。到纽约后,华成的签证是公派,领馆根据名单派车来接了,跟华成同机的一位自费留学的大学生也跟着华成到了领馆的招待所,其实领馆的招待所也不便宜,每天要 40 美元,按当时的比价,合 320 人民币,现在看来并不比国内贵,但当时国内这样的招待所也就 40~50 元。华成在领馆的食堂吃饭,那简直是个中餐厅,油条、豆浆、粥,都有,做的比国内一般小饭馆要干净,喝着粥,吃着油条,就像回到家乡,舒服得很快就忘记了疲劳。

在一位过去清华学生开车接送下,华成去探访了一位远亲,他已由台湾移居美国,可是到他家后,才发现人去楼空,邻居称他离去的原因是害怕大陆亲戚来访,华成怅惘,那种到家的感觉突然消失。这究竟是在美国啊，异国他乡呀，不解当时我们国家为什么遭到这样的误解呢？在学生的带领下，他逛了逛领馆附近的街市，到处是霓虹灯闪烁，商品琳琅满目，可就在不远的曼哈顿42街却是另一番景象，当时42街是著名的风化街，色情、3X电影、酒吧尽有，还有毒品交易泛滥，一到就感到空气的紧张，街上每隔十几米就有一个全副武装的警察站岗监视。想不到这么文明的国度，还有这样肮脏的地方，为什么这里秩序这么不好，当局不取缔呢？难道这是为了维护自由吗？华成想起了国内培训时的教导，走路不要靠墙那边，否则说不定店里出来个人把你拖进去，那就是进去容易，出来难了，华成他们就规规矩矩地走在靠大路的边上，总算有惊无险。华成感到培训老师的叮咛也许真的有用，在纽约的街上走路，兜里要装上三四十美元的保命钱，突然遇到了吸毒者或醉汉讨钱，马上掏出，一般就能化解了，否则他没讨到东西，会捅你一刀的。华成只想赶快到学校。

和华成同行的留学生，第二天就找到了打工的场所，也租到了房子，就搬走了，再无音信。第三天，领馆派了车把华成送到新泽西州的拉瓜蒂机场，一切顺利地到达他所要去的学校——亚拉巴马州府蒙哥马利的奥本大学（AUM）。办理邀请的何教授在机场迎接了他。AUM是奥本大学在州府的分校，有学生三四千人，多为走读，学校只有四五栋楼，但有两个很大的露天停车场，周一到周四白天，停满了小汽车。奥本大学是美国国家级普通大学，或者说二流大学，奥本大学蒙哥马利校区一般就没列排名了。校区可以享受一些本部的资源，例如图书馆和实验室等，校区离本部开车近一小时。AUM有比较大的校园，里面还保留了一些未被开发的原始森林，林荫遮天，地面长满了杂草和低矮的灌木，人是无法进入的，一般也不准许进入，里面有很多松鼠等小动物。已经开发的地方，所有裸露的地面都种上了草坪，校园显得十分干净整齐。华成就住在校园内的宿舍，他租住一个床位，每月两百美金，换算成人民币，那可是贵得吓人。

宿舍的条件很好，一屋两人，有个屋内的开放式的厨房，有个浴室洗手间。装备已达国内之顶级，如浴室有浴霸、浴缸、多功能花洒、双向水龙头，热水 24 小时供应；厨具有电热炉、电烤箱，漏水管中有粉碎机。水均经过过滤，达到直接饮用水平；全屋为中央空调，全年每月每天开放，经常是早上放暖气，中午放冷气。在那个年代，中国的留学人员多自己做饭。其一，便宜，一般 100 美元一个月足够，在校内食堂用餐，一个月要近 300 美元。其二，吃不惯洋餐。华成在国内不怎么会做饭，在美也得到了锻炼，"洋插队"也学会了"洋节约"。华成听台湾华裔教授说他当年留学时是自己理发，华成也就练会了在洗澡间自己用剪刀对着两个镜子剪发。华成学习着美国的所有好的东西。

他学到的第一件有益的事是：买一个西瓜还是买半个西瓜的决策问题。

美国的西瓜，长长的，很大，大多十几斤，华成买一个，一周也吃不完，一周后就有点不新鲜，甚至坏了，就想买半个吧。到超市一看，大为惊奇，一个和半个西瓜的价钱一样，为什么？他就找经理理论去，经理看到他萌萌的样子，也就和他聊起来了。

问他："你在哪里做事啊？"

"对面的大学管理学院的访问副教授。"华成坦然地告诉他。

"那你还不懂？"他带着诧异的眼光。

"不懂。"华成心想，我什么不懂，尽管我的外语不如你，但我岁数比你大，吃的盐肯定比你多，我敢保证我看的英语书也比你多，华成很有信心地想着。

"真不懂，那我就告诉你了。"他停顿了一下。

"这一刀下去有劳动含量在里面。"

华成一愣，想了想，说："佩服，佩服，你们劳动计算得这么精细。"

通过此事，华成也学到了一招，心想，买一个或半个西瓜的问题已经解决，那还用说，肯定买半个了，因为如果买一个，吃不完，扔那半个也有劳动含量在里面。华成从此仔细地观察美国人做事的方式。他发现美国人在工作上十分注意提高效率，提高劳动生产率，其另一面就是尽量降低成本。看这个超市吧，西瓜是三块钱一个，而农民用汽车拉来西瓜，在路边卖，还要4块钱一个。超市尽量电子化，减少人力，他们的理念是追求"不多用一个冗余的人，不多设一项无用的工序"。先进生产力的观念在美国已经成为一种习惯，深入到企业的经营，国家的管理，甚至人们的日常生活中。而我们国家的官员或企业家这种观念无论是在知识还是态度上都差得很远。华成在美首先就考察他们如何提高劳动生产率。

华成发现，美国人的动手能力很强，他们没有瞧不起劳动的思想，没有"劳心者治人，劳力者治于人"的思想，他们以"愿动手，能动手"为荣。AUM的系主任，卡尔，是个正统的美国白人，他经常帮华成修车，有时还躺到汽车底盘下面，搞得一身油腻，他不认为有损他的身份，相反他觉得很光荣。华成和他成为很好的朋友，星期天也去帮他砍树。他对华成说："There is no labor need."这一方面表示他不需要劳工，不是把华成当成劳工，表示客气的意思；另一方面表示，既然不是劳工，他不会付工钱的。

在美国，如果开始不说清楚，事后问他要工资，他就应当付的，华成对他表示自己是愿意干的。卡尔的家在一个山沟里，两边有两条山脉夹着，形成一个三角形，下宽上窄，整体有几百亩，他家的一栋三层楼房就在两山夹着的山底平地上，前面100米远就横着一条公路。山沟里长满了树，平地上也有树。树长大了就要间苗，砍掉一些，让别的树长得更好。砍下来的树，稍粗的，锯成一米左右长的粗棒，冬天用来烧暖炉。更粗的，有的锯成木板，派点用场。小枝枝就扔到山沟里让它自生自灭。对于一棵约50厘米粗的大树，卡尔先用烧汽油的电锯，锯一个斜三角形的口子，深度要超过半径。然后,他用一根钢丝绳,捆在口子上面的树干上,另一头绑在他的小拖拉机后面,拖拉机在距离树十几米的地方,向着口子所对的方向开动,开一次拉一次树干,这样开停,开停几次,树就慢慢地倒下了。倒下以后,就锯它的树枝,直到全部肢解完。剩下的树根怎么办呢?不由得华成想起了以前在清华西门成府路边,环卫工人挖树的情景,七八个工人围着一棵树根,两个工人在以树为中心的一个足够大的圆圈上挖沟,要挖到一米多深,到下面,根细了,才能把细根切断,整个树根才能拿出。两个人挖一会儿,换两个。换上来的人就戳着铁锹站着。这样,一个上午一颗树根也挖不出。而卡尔在树根上用电锯刻了一圈槽,用钢丝绳沿槽缠紧,绑住,然后又绑到拖拉机后面,拖拉机又来拉撞,拉撞,就把树根整个拔起了。他一个人一个小时就搞定了,华成就只帮他把树枝装上车,运到半山沟,倒到山下。通过观察,华成真佩服他们的单兵做事能力。

　　华成十分留意地收集一些美国人提高劳动生产率的例子。例如,他们收苹果,不像我们,人上树去摘,而是用一个机械手抓住树干,震动摇晃几下,大多数成熟的苹果都落地了,没熟的,没摇下来的,就不要了,他们认为扔掉比摘它,成本上还划算。他们根据这种收获方式还改进苹果的品种,让它皮厚些,掉到草地上也不会摔坏。再如,他们的长途汽车公司,灰狗(Greyhound)公司,一个可载 50~60 人的大巴,只有一个司机,兼售票员,兼导游,还兼快递,而且清清楚楚绝不搞错。跑长途,几个小时就换司机,不换车,司机自己跟着返程车回去,他们调度得有条不紊。他们的运输管理得好,所以联邦快递(UPS)又快又不贵,许多企业的运输都不自己做了。有些工厂不设工厂仓库,原材料或零件直接运到车间,沃尔玛超市也不设仓库,让商品直接上架,大大减少了成本,而供应商也用准时制,零件生产出来立即装车运出。华成解释成,美国的货物存在公路上,因为只有公路这段货物是处于存储状态。那个时代互联网尚处于初创阶段,他们已在研究应用。那时的留学人员很多人对美国的自由感兴趣,有人对美国人可公开讨价还价、争薪感兴趣,甚至学到了点儿唯利是图,极端个人主义,直至违约不归,学到了一些美国人都不认为是好的东西,而华成更注意学习美国好的东西,对它的负面的东西没太大的兴趣。但是华成也了解了一些丑陋的东西,例如,一些华人,包括台湾的,开饭馆漏税;从台湾走私货物,让大陆学生帮他们卖;大陆学生到超市买东西把贵的牌子换成便宜的;买新衣服,穿一段时间后退还,老穿新的还不掏钱等。华成只是知道,但自己绝不做,免失身份,给中国丢人。

美国国民气质再一个好的地方就是创新。卡尔对华成说,美国人很懒,对于累的、枯燥的工作总是"懒"得做,总想办法用另外的方式更好、更快地完成。他们总愿意动脑筋,动手做些东西。许多家庭都有自己的小作坊。卡尔楼房的半地下室实际是个不小的车间,有四五台机床,一般东西都可以自己做了。美国社会上有许多零件和半成品卖,汽车、电视机、电脑、家具,甚至房子。他们许多人就自己设计房子,自己盖房子。所以他们的创意设计的气氛很浓,许多新东西的创意均出自美国,社会给创新以很好的条件和气氛。在美国得到资料很容易,方便的图书查询和网络,宽松的成果出售的环境,各方对研究的支持,支持参加会议,一般给教授写信请教均能得到回答等。华成也得到学校支持500美元,作为路费,让他参加美国顶级的信息系统学会(ICIS),他得到了许多关于企业模式、企业和其信息系统战略规划、决策支持系统以及互联网方面的研究思路的启发,为他以后研究工作的开展起到了很好的作用。

虽然访问美国一年,时间仍嫌太短,三个月过生活关,六个月过语言关,九个月刚进入课题关,就要准备12个月的归国关了。访问时间虽短,但在华成的生命轨迹上却产生了一个飞跃。华成归国了,郑院长十分高兴,是出自对华成的革命友情,还是证明他的"洋务政策"没有失败,还是有许多事情急需华成去做,不得而知,反正他十分开心,亲往机场迎接,这样对待一个下属是少有的。华成自然感到十分荣幸,有一种荣归故里之感,更生感恩图报之意。不久,华成就担任了管理科学系主任,并承担了联合国资助我国的培养全国信息管理师资的培训班的任务。虽然华成是处于这拨留学的末尾,但是因他也有一年时间,也就被编进了我国第一本留学归国人员大字典,华成有着留学善始善终,盖棺定论之感,他觉得他回国是对的,他觉得比起有人邀他在美共同创业,比起一些人滞留美国勉强在高校敲边鼓要强多了,他在实现他的信念,他在承载着国家的委托,他在开创着他的事业。

为业留学终成行,
学优弃劣需辨明。
感恩图报信守诺,
信念支持人人敬!

第Ⅲ-11回　当退不退赛老骥
　　　　　　回首前瞻探规律

　　时间都去哪儿了？真是个好问题。年轻时总想"还有时间"，不知不觉中，已到2000年，华成回首一看，感到自己该到点了，学院里有10位教授该退休了。现在的生活条件好了，大多数人没感到那么老，似乎身体也没太大的变化，一些临近退休的人，还没想好自己一下闲下来该怎么过；再说，还想看看以后究竟有多好。大多数人不想退。可是，政策上不允许。郑院长找华成谈话，多年的干部经验，华成明白，院长需要支持。"士为知己者退"，华成表示没有问题，还给他推荐了优秀的青年教师。院长大为惊喜，在全院员工大会上表扬了华成。有党员带头，学院的退休工作得以平滑地完成，大多数退休员工想的是"复旦就是家"。

　　有几个单位听说华成将要退休，想聘用他。问题是，如果不正式调入，不能算新单位的正式编制，则申请基金等工作就不好做，正式调入则要放弃复旦的退休福利，华成难以取舍。有的单位甚至说，福利问题他们也可以解决。思量之后，华成选择了赴瀚门特区，参加兴办民办科技大学，这就不存在调走的问题了。华成到那里不仅要再次创办MIS专业，而且接受了管理学院副院长的职务，这意味着要协助创建整个学院，责任更重了。与此同时，一些风言风语也传来，说华成"晚节不保，到野鸡大学挣钱"。主意已定，华成也不去理会，他心中已有了再次创业的蓝图。

华成不自觉地回想起自己对MIS的三次创业,在清华借微机办实验室;在复旦借房子办公;在科大烧香奠基建校——个个都是从最基础做起,创业者总是比继承者经受更多的艰苦。科大虽然开始是个小学校,但它的视野十分高远,它的第一任校长是清华的名教授,又做过一所知名大学的校长,所见自然不凡。投资的大小,招生的多少,学校一开始就搭起了以后腾飞的框架。本科、硕士、博士培养资质一并拿到,法律、信息、管理和中医四个学院撑起了整个建筑,北大、清华、复旦、南大和南中医等名校教授做后盾,科大的目标显然是高远的,它要办成地区甚至是亚洲的知名大学。华成这时已经更加成熟,从过去的听话出活,到后来的敏捷执行,到现在有了点战略考虑。战略思考首先要研究愿景和目标,华成把目标瞄准大陆前十,香港前三。他愿好好地传承清华和复旦的基因。他系统地思考了成功的几个要素,就是:一、声誉;二、大师;三、师资团队;四、战略和计划;五、资源;六、校园文化等。哈佛大学说大学最重要的东西是声誉、声誉、还是声誉。一个教师的行为的优劣,靠什么衡量呢?就是声誉,他能让学校增加声誉,就是优;损害学校声誉者,就是劣。声誉是大学最重要的资产,它是一种无形资产,却是一个大学的命根子。爱护和培育科大的声誉是自己的第一要务。自己也要爱护清华和复旦的声誉,要传承它们的优良传统,决不给他们丢脸。

华成想,自己将来总是要回上海,回复旦的,他希望在科大的短暂时间里,给其输入更多正能,也给自己增加正能。正能,主要是誉能,他希望学校的声誉增加,学校毕业生的名声以后能升值。数年后,他回上海,看到科大的声誉好了,学生有出息了,做出成果了,有人称赞薛门师生气场好时,他感到科大的声誉增加了,自己的声誉也增加了,学生的声誉也增加了,当年的风言风语自然消失。他的第三次创业没有虚度。他满足了,也许人生的最大安慰也是声誉。

在校长、校方正确的办学方向和战略下，华成在他管辖的学院范围内，抓住了一些战略实施的关键点，狠抓不放，坚持必有成效。首先是，严格管理。不滥招生，不滥发文凭，不达一定标准不能毕业。学习的内容可以少，但要求要严格。对敢于严格要求学生的教师给以坚决的支持——教师可在教室怒斥捣蛋的学生，可以令学生离开教室；教师应给适当比例的不及格和留级；对课堂秩序不好，教师又不管者要给以批评等。其次，严把教师水平和资质关，要求全职教师要有博士学位，名校出身者优先；注意教师的气质，那些只有硕士学位，在外面职场混了几年，由于金融危机被裁者，只能暂时单课聘任。华成不相信这些人熟悉职场，自己都不能保住工作，何谈帮助学生就业，主要是气质不行，这种缺乏自信的气质难以培养出争胜好强的学生。事实也证明，这些人经过教学评估，大多数最后都离开了。对全职教师，鼓励做研究，发论文，升职要考察研究成果，形成一种学术压力，鼓励教师进取。华成分析，相对于别的学校，科大有较好的外语环境，例如，学校的行政人员外语都较好，学校的通知都可以双语发出。学校就应当把外语好做成自己的特色，他要求教师都能全外语教学；在招聘教师时，全外语面试；本科三年级以上课程要求全外语教学。长久坚持下来，科大学生的外语平均水平，相对于内地确实有了自己的优势。

风清气正的校园文化是学校建设的一个关键。来自清华、北大、复旦、南大和南中医的老师带来了内地好学校的文化，又和当地好学校的文化融合，再吸收了海外的文化。科大有很好的文化条件，加之几任校长倡导，华成积极地推行和实践创新，学校能吸收各方的正面影响，屏蔽社会上的负面影响。华成十分重视以各校好的校训精神引导学生，如科大的"意诚格物"，清华的"自强不息，厚德载物"，复旦的"博学而笃志，切问而近思"，他在院内提倡"以知为荣，以能为荣"，使校园内正气升，邪气降。

学校每年为 20 名新生提供奖学金,给西部地区的优秀学生,这些学生入学时高考成绩均在一本以上,到校后他们的成绩也一直领先,而且在全国一些竞赛中得奖,成为学校受尊敬的人,也为学校建立良好学风作出了贡献。许多毕业后的学生、在校工作过的教师,都感到自己的名声也提高了。他们已经作出了成绩,他们更愿意积极地创造更大的成绩。

背负着师生和社会的期望,华成的压力也是十分大的。他忘掉了自己已是过了 65 岁的退休人员,全身心地投入繁重的工作中。这实际上是他人生中工作最繁重的时期,现在想起当时没因工作繁重而一去不归,真算万幸。他要制定教学计划,要安排教师岗位,要招聘教师,要培养教师,要管理教学秩序,要检查教学。在开始阶段,做任何一件事都比成熟的学校花的功夫要多好几倍。他还要亲自承担教学任务。有时聘请的教师临时来不了,他还要亲自顶替上课,而且还是上一些不熟悉的课程。华成每周的上课时数经常高达 18 小时。经常周末还要给 MBA 上大课或者参加 MBA 的答辩,大课人数高达 200～300 人,多次接连四天,每天 8 小时上大课,站在讲台上腿都发软。更由于语言问题增加了很多困难,华成不会当地语言,那里的学生还听不懂普通话,也不会英语,有的学生提意见,说老师一口京腔,他们听不懂。单开的英语授课班,需要备课的时间也大大超过普通备课时间。所以这段时间,华成的工作负担实属一生中最重。身体也给他发出了一些报警的信号,他第一次出现了高血压,由于身体底子好,稍吃点降压药就控制住了。经常讲课大声说话,引起嗓子红肿,就含点西瓜霜含片或银黄含片。虽然算无大碍,但也有了严重的药物依赖。生活条件上,凭良心讲,应当说不错,不过也就是工资高点,租的住房好点罢了,但是令华成难以适应的是,在那不夜之城,难找一个很好休息的地方,晚上 12 点,车水马龙的声音才刚减轻,早上 4 点旅游大巴的轰鸣和震动又起。华成在学生时代养成了很好的睡眠能力,他能在嘈杂的宿舍中

3分钟入睡,中午20分钟能睡一小觉。可现在,他苦练的睡眠术已不那么灵验了,至少要费十几分钟甚至半小时的努力才行。每到周末华成都好想找个僻静的地方,好好睡一觉,而实际上每月才可能有一次。他真的体会到现代城市的紧张和压力,他体会到当代人度假旅游、远离尘嚣的渴望。

然而,在如此的压力下,华成始终坚持不懈,从没产生过偷懒的想法。这是一种很自然的表现,是他从小培养,在整个学生期,甚至职场中养成的一种习惯。从小的家庭就教育他依靠精湛技术、诚信工作吃饭。学生期练就了勤奋进取、好胜争强的心态,并善于将自己的工作变成自己的兴趣,从而全神贯注。他总结了几句箴言,用来激励自己。

无尖不商,无艰不学,无简不政,诚信为本。

就是说,为商,要厚道慷慨(卖米要让米斗冒尖,多给);为学,要艰苦勤奋;为政,要简朴清廉。而一切的根本,要诚信。为人诚信、进取好学成了他一生的座右铭。他最喜欢的铭言是,"君子务本,本立而道生"。有人看到华成周围集聚了一批有成就的学生,说他气场好,其实不然。俗话说,物以类聚,人以群分,愿意积极跟随他的学生,本身就有良好的素质,加之,吸收了华成传递的清华、复旦和科大的基因,实际上能做出成绩也就不奇怪了。

> 知能为荣树新风,
> 意诚传统得传承。
> 言传身教勤努力,
> 留得清名照汗青。

IV

未了的心愿

IV

本書に関連

第Ⅳ-1回　一生历练告来者
　　　　　但愿旅途少坎坷

回想,七十从心所欲之年,华成曾写豪言壮语:"人过七十不稀奇,自认高寿没出息,见老无须先唱衰,要学老骥尚伏枥。"时间不知去哪里了? 十年又过,转眼逼近八十,看来该考虑终点了。作为一个曾有名言"未来的管理最重要的是未来管理"的人来说,应当想想自己的未来管理了。走了,留下些什么? 没走,如何利用剩下的这点时间和资源做些什么? 当今的社会,信仰缺失,各态百出,有人说,人走了,最遗憾的是钱还没花完;也有人说,人最悲惨的是,人还没走,钱已花光。为什么总和钱联系在一起呢? 钱是否和幸福等同呢? 华成作为一个信息工作者,从不愿为物质烦恼。考虑留下些什么,自然是信息了。

华成的一生走过了一条坎坷的、弯弯曲曲的路。回顾一下,自己感觉还是满足的。做了些事,犯了些错,有贡献,有缺陷,但总体上走的还是条稳健的路。他能吃苦,不吝惜自己的付出;他努力,争上游,争得三好。他职场上听话出活,积极进取;他在执行工作上,敏于行,能完成任务;他慢慢地学会了战略思考,独创一块小天地。这不是一条英雄伟人的道路,也不是一条暴发户的道路,而是一条众生之路,人人之路,羊群中一个小群的带头羊之路,和大多数人的路相近的路。任何人的路都是不同的,想照走别人的路是没有可能,但看看别人的路,也许能帮你学点绕过坎坷的技巧。每个人的故事是一个故事,千百万人的故事就是历史。历史是面镜子,学习历史以史为鉴,可以帮助自己修炼。

华成走过了苦难的童年,经历了闪光的青春,在跌跌撞撞的迟到的成熟路上,他最终摸索出了一条信息之路。当他从国外的资料中嗅出了信息革命的味道后,他在国内大胆地倡导,他好像看见了一条光明的路,他被这条路吸引,全身心地投入。信息革命让他憧憬未来,让他觉得他以前发过的誓言,要为共产主义,为"苏维埃政权加电气化"奋斗,现在似乎具体化了、可行化了,要为"人民做主加信息化"奋斗。华成要把为信息化奋斗当成自己毕生的使命。

他充分地认识到信息化的重要性,认识到信息化的威力,认识到提高大众的信息觉悟的重要意义,他疾呼"没有计算机管理,就没有管理现代化"。他点出了信息系统的本质特性,大力宣扬信息系统是先进生产力,信息系统是科学发展观,信息系统是中国梦。一切未能用上信息系统的生产线或供应链,均有大大提高效率和降低成本的潜力。没有信息系统做内核的科学发展观,是空洞的发展观。只有掌握了信息系统给我们带来的潜力,我们才能实现灿烂的中国梦,才能描绘出美好的发展蓝图。信息系统是个社会-技术系统,推进信息系统前进是一场社会变革。

他深刻地揭示,信息系统专业是个革命性专业,它利用信息变革过去。在大变动的年代,经验不再是资产而是负债,往往为要消除"老经验"的保守观念而花费大量的代价。革命有两种方式,突变的和渐进的,没有对错,只有适合。在哪种情况下,用了哪种适合的方式,哪种方式就是对的。基于信息系统的社会-技术性质,信息系统的革命带有浓厚的社会革命性质。它的特点是要善于抓住总体利益目标,要善于贯彻群众路线方式。

信息系统专业是个未来化专业,信息技术的未来是实现"四全"的愿景,即全信息、全自动、全智能、全地域。社会最远最美好的未来是共产主义社会,信息系统专业就是利用最先进的技术实现最美好的社会的专业。"未来的管理最重要的是未来管理",信息系统专业要培养信息革命的领军人才,这种人才要有自由的灵魂和想象力的翅膀,敢想,会想,能梦想未来的美好风景。会规划未来,有热情,有能力设立可行目标,有实干精神,能控制指挥,去实现美好理想。祖国大地浩浩荡荡的信息化大潮,呼唤着千千万万个信息化领军人才的诞生。

信息化领军人才是一种特殊人才,越早注意锻炼越好,一些共识,值得共享:

(1)寒门出贵子——孩时多吃点苦,受益一生。

(2)勤劳出智慧——坚信天才90%来自勤奋。

(3)兴趣燃学习——只有自己感兴趣学习,主动学习,才能好进。

(4)童年可鼓励争胜好强,青年要节制莽撞,30少露锋芒,40刚柔适当,50包容无量。

几点精神,坚持必益:

(1)学习进取。华成将其作为一生的座右铭。渴望学习是生命力的第一表现,成人要像婴儿一样渴望学习,学习说话,学习走路。学习之后,要锐意进取,不要畏难自弃,要有永不放弃、永远追求的精神,保持遇事的积极态度。

(2)矢志高远,目光向前。人向前看,就能甩开过去对错的纠缠,减少路上的摩擦。站得越高,看得越远,小事越不计较。

(3)正面正能,世上好人居多,好事占多,不要看到个别坏人坏事,丧心失志,要坚持向着正面,散发正能。

(4)务本求实。务本,永远是实话,当你处于不端的环境、受到不公正的待遇时,好好劳动,好好干活,总是没错。付出辛苦修的桥,日后还是可以用来路过的。

(5)平静乐观。宁静能致远,乐观日好过,平静育和谐,福多就少祸。

历史重在事实,恶在歪曲。千秋功过,何须褒贬,留得史实,自有评说。华成想,留下一个真实的自我,有过成就,有过过错,有过大公,有过私货,所有真实的记录,让人了解那个时代。"一路走来",就想这样走过。告诫孩子和后人,无须认定这是一条好路,但这的确是一条被走过的路,一条积极稳健的路。

清风正气贯一生,

正面正能正愿景。

学习进取不放松,

乐观乐语乐行动!

第Ⅳ-2回　事业未成身欲退
　　　　　未了心愿托后人

　　小时候唱着"我们是共产主义接班人",青年时誓言为"共产主义理想奋斗终生",老年体衰了,但信仰不会丢,对美好的向往,不会停歇。一生的实践,更证明了道路的正确。越到老年,华成越坚信世界是平的,共产主义是必然趋势。随着技术的进步,技术能做到的事越来越多。他越来越相信,理想正在实现。

　　共产主义社会是个理想社会,在那个社会,生产力高度发达,物质极大丰富,人们的吃、穿、住的问题已经解决,劳动不再是谋生的手段,而是人的第一需要。所有笨重的体力劳动和烦琐的脑力劳动,均将由具有智能的机器所代替。留给人们的工作只有创意,激励人们工作的唯一动力是兴趣,人们都是在兴趣的驱使下,做着自己喜欢的工作。共产主义理想社会是个高度信息化的社会,信息化的程度逼近"四全"阶段,即全信息、全自动、全智能和全地域,社会高度透明、公平、公正、平等和自由。这和中国传统所梦想的"大同世界"的思路基本上是一致的。华成感悟到,机器代替人的所有劳动的时代现在已经开始,技术上说已经完全可行,剩下的只是经济问题和行为问题了。这种发展的速度还会越来越快。关键的问题还在于人类自身,人类现在仍然处于愚昧的状态,到处充满偏见、谎言,这些东西左右着人们的情绪,还在进行着愚蠢的,无谓的,兽性般的争斗，甚至战争。这些都是社会的"布朗"运动，耗费了大量的能量。如果社会能发现"反霍尔"效应，没有了摩擦，人类的进步可能成十倍、成百倍地提高，共产主义就不远了。乐观主义者总是认为人类会越来越好。华成在饶有兴趣地梦想着，研究着，预测着，同样也在宣扬着。

他梦想共产主义社会的工厂不像现代的工厂，而更像个学校，每个工厂都是个学习型组织，研发工作是主要工作，组织的架构扁平化，信息就是命令，自组织的流程自动流畅地运行。共产主义社会的学校，不像现代的学校，而像一个学研体，即一个以学研为特长的社区，一个以学科组为基点的联合体，学科组是权力下放的归宿。未来社会的人，不用卡，不用纸币，只要用自己的生物特征，如指纹、眼膜、甚至基因就可在全世界范围消费，人们也不再需要房产证等各种证明，他的财产就虚拟地附在他的身上，一生的所得，都累记在上，公平地描述了你来地球走一趟的功过得失。社会没有欺诈，没有虚假，所有虚假都很容易被全信息识别。

无论勤劳致富的新富，或者劳苦功高的高干，均逐渐让位给职业的知识能人，或知能精英。这些人的德才受到社会尊重。这种人的工作方式很像现在的教授，他们是为兴趣而工作，他们并不担心基本生活，他们以思想实现为最大乐趣。他们把当官当成社会工作，做一段以后又回到自己的教授工作。华成希望成就这样一批人，让他们成为社会的主体，带领社会更快更健康地发展。有同学开玩笑地对华成说，那你现在已经生活在共产主义社会里了吧？想想，退休以后的他，却也有几分像，不愁吃不愁穿，按着兴趣去工作，退而不休，自得其乐。也许正是研究未来社会和共产主义社会多了，闻到点美好社会的气息，使他也感到幸福！

华成希望在我国奔向信息化社会的征途中，能涌现出一大批信息化的领军人才，形成一支强大的"军团"。他们有很高的信息觉悟，有丰富的信息知识和技能，有领导社会变革的能力和艺术，他们还要有高尚的道德情操,和人民有鱼水般的深情。现在华成的师生中,许多人就是这样,他们有的已成为各高校的学科带头人,有的成了国内知名的经济学家,有的成了企业家,有的成了政府官员,有的成了人大代表、政协委员,也有的富不忘善,捐赠亿万。为什么华成的学生中有这么多能人,而贪官甚少呢?有人说薛门风水好,有人说气场好,其实求神拜鬼论运道都是迷信。这种现象是由"适应性创造复杂性"规则所创造,而自然形成的,是长期的志同道合、趣味相投形成的。

这个"军团"生成了强大的气场,气场托起了一朵朵彩云。这是个正气云,傲骨云,透气云,开放云,互助云,君子云。这个云有特色,主张以知为荣,以能为荣,不以吃为荣,不以富为荣。也不甚主张克扣自己,以贫济贫,而主张以能共赢,以知共富,又主张按献领得,多得也荣。主张为大多数人民服务,主张以群众路线方式服务。这个云是个层次云,高层有梦,中层有景,基层有情。华成畅想着高层的梦,盼望着能看到中国信息学术军团的最高总部——中国信息管理学会能够早日成立,能有中国的一级学会和一级学术期刊,领导起中国信息化的学术研究。盼望着这个军团的成员能进行大项目的研究,勾画出全中国的信息化平台的美景,搭起无所不在的互联云网络,使中国的信息化成为世界标准之一。盼望着我们的城市、企业、学校的信息平台水平不断攀升,由联通向智能,由智能向智慧发展。

任何事业的顶层都是艺术层,世界经济形态的顶层也是艺术层,世界将要由农业经济,经过工业经济、信息经济和知识经济,向艺术经济发展,艺术实际是人类精神追求的最高境界,享受艺术将是人类的最高享受。艺术是追求完美的,艺术没有最好,只有更好。艺术帮助我们描绘信息化的美景,为我们展示绚丽多彩的、美轮美奂的虚拟世界。华成畅想着,期盼着,他最后写道:

IV 未了的心愿

我有一个幸福的晚年,
我在畅想,
张开我幻想的翅膀,
飞出我最后一个愿望。
不要把我的骨灰撒向大海,
不要把我埋在高山上。
让我化作一朵信息的彩云,
待在虚拟陵园的天堂。
让我的灵魂在天空飞翔,
永远保留鲜活的模样!

后　记

　　我不是一个最成功的人物,但却有一条坎坷的成长路。有着许多成功的欢乐,也有不少挫折的沮丧。有些是社会造成的,更多的是自己的原因。因而,我坚信"如果让我再活一次,我会比这次活得更好"。我希望后来者能早点感悟,让你的后半生至少多活半次。希望年轻的同学们能认识到生命只有一次,从年轻开始,就要规划人生,让你的人生更加自如,让你的生命更好地发光。希望有兴趣的读者,也能从他人的酸、甜、苦、辣中感悟人生,帮助你和你的孩子获得更大的成功。

薛华成
2014 年 8 月